राष्ट्रभक्त कवयित्री

सुभद्रा कुमारी चौहान

राष्ट्रभक्त कवयित्री
सुभद्रा कुमारी चौहान

एम.आई. राजस्वी

प्रकाशक

प्रभात पेपरबैक्स

4/19 आसफ अली रोड, नई दिल्ली–110002

फोन : 23289777 • हेल्पलाइन नं. : 7827007777

इ–मेल : prabhatbooks@gmail.com ❖ वेब ठिकाना : www.prabhatbooks.com

संस्करण

2020

मूल्य

एक सौ पचास रुपए

अ.मा.पु.स. 978-93-5186-532-2

मुद्रक

नरुला प्रिंटर्स, दिल्ली

★

Rashtrabhakta Kavyitri SUBHADRA KUMARI CHAUHAN
by M.I. Rajasvi

Published by **PRABHAT PAPERBACKS**
4/19 Asaf Ali Road, New Delhi-110002

ISBN 978-93-5186-532-2

₹ 150.00

दो शब्द

'काव्य-सेनानी' और 'स्वातंत्र्य कोकिला' जैसे नामों से संबोधित की जानेवाली राष्ट्रभक्त कवयित्री सुभद्रा कुमारी चौहान स्वाधीनता संग्राम की सक्रिय योद्धा रही हैं। भारतीय राष्ट्रीय चेतना में वे स्त्रियों की भागीदारी का अनुपम उदाहरण हैं। सुभद्राजी ने देश को स्वतंत्र कराने में सक्रिय रूप से भाग लिया। वे एक स्वतंत्रता सेनानी के रूप में जेल भी गईं।

सुभद्राजी के मन में कविताओं के प्रति प्रेम का अंकुरण बाल्यकाल में ही हो गया था। बाल्यकाल में नटखट स्वभाव की सुभद्रा कुमारी चौहान ने जब अपने कवित्त-प्रेम के चलते गणित तक की कॉपी में कविताएँ लिखनी आरंभ कर दीं तो एक दिन गणित के अध्यापक ने इसकी शिकायत उनके माता-पिता से की। पिता को अपनी लाड़ली के कवित्त-प्रेम को जानकर क्रोध आने के बजाय हर्ष हुआ। उन्होंने विचार किया कि भविष्य में उनकी पुत्री काव्याकाश पर सूर्य की भाँति प्रदीप्त हो, देश का गौरव बनेगी। उनका यह विचार सत्य सिद्ध हुआ और सुभद्रा कुमारी ने पिता की अपेक्षानुरूप अपने काम को अंजाम दिया। उन्होंने 9 वर्ष की अवस्था से ही काव्य-रचना आरंभ कर दी थी और यह सिलसिला जीवन के अंतिम क्षणों तक चलता रहा।

सुभद्रा कुमारी ने केवल कविताओं की ही नहीं, बल्कि कहानियों की भी रचना की। जहाँ एक ओर उनकी कविताओं में वीर रस की प्रधानता है, वहीं दूसरी ओर प्रेम-वात्सल्य का भी गहरा पुट है। उनकी कविताओं में प्रायः ब्रिटिश शासन के प्रति विद्रोह की स्पष्ट झलक और कहानियों में

तत्कालीन भारतीय समाज की दयनीय दशा का जीवंत चरित्र-चित्रण देखने को मिलता है।

सुभद्रा कुमारी की राष्ट्रीय भावना का प्रमुख स्वर स्वतंत्रता, त्याग और बलिदान के रूप में परिलक्षित होता है। वास्तव में देश की स्वतंत्रता त्याग एवं बलिदान की माँग करती है। भौतिक संसाधनों के त्याग के साथ ही पारिवारिक संबंधों का त्याग भी स्वतंत्रता सेनानी के लिए आवश्यक है। ऐसा त्याग न केवल उनकी कविताओं और कहानियों में स्पष्ट रूप से मुखर होता है, बल्कि अपने जीवन-कर्म में भी उन्होंने ऐसा करके जीवंत उदाहरण प्रस्तुत किया।

साहित्य के क्षेत्र में सुभद्रा कुमारी एक बड़ा नाम है। उन्होंने न केवल देश के स्वाधीनता संग्राम में बढ़-चढ़कर भाग लिया, बल्कि कविताओं एवं कथा-साहित्य के माध्यम से भारतीय स्वाधीनता महायज्ञ में भाग लेने के लिए जनमानस को आंदोलित भी किया। इस पुस्तक 'राष्ट्रभक्त कवयित्री सुभद्रा कुमारी चौहान' में सुभद्राजी के जीवन से जुड़ी अनेक महत्त्वपूर्ण घटनाओं एवं तथ्यों को सरल, सरस व रोचक शैली में प्रस्तुत किया गया है। पुस्तक को प्रामाणिक एवं प्रभावी बनाने के लिए तत्कालीन तथा सुप्रसिद्ध लेखक-लेखिकाओं के सुभद्राजी से संबंधित विभिन्न लेखों से तथ्य उद्धृत किए गए हैं। इन सभी रचनाकारों का मैं हृदय से आभारी हूँ। मुझे आशा ही नहीं, बल्कि पूर्ण विश्वास है कि यह पुस्तक पाठकों के लिए अत्यंत उपयोगी सिद्ध होगी।

—एम.आई. राजस्वी

अनुक्रम

पारिवारिक जीवन

"आधुनिक हिंदी-काव्य के भावोल्लास काल में जिन कविवाणियों ने जनता को उत्स्फूर्त किया, उसे प्रेम और देशभक्ति के आवेग तथा आह्लाद में सराबोर कर दिया, उसमें स्वर्गीया सुभद्रा कुमारी चौहान का अत्यंत महत्त्वपूर्ण स्थान है।"

—गजानन माधव मुक्तिबोध

पावन संगमस्थली प्रयाग (इलाहाबाद) को भारतीय धर्म-संस्कृति में साक्षात् मोक्षभूमि कहा जाता है, उसके निहालपुर मुहल्ले में ठाकुर रामनाथ सिंह का सुशिक्षित और संपन्न परिवार रहता था। ठाकुर साहब के परिवार में उनकी पत्नी और सात बच्चे थे। पुत्रियों और पुत्रों से भरे-पूरे उस परिवार के मुखिया ठाकुर रामनाथ सिंह कृषि और व्यापार से धनार्जन करके अपने परिवार का पालन-पोषण कर रहे थे। धार्मिक और सामाजिक क्षेत्र में परिवार की धाक सारे इलाहाबाद में जमी हुई थी। दीन-दुखियों की सहायता में सदैव तत्पर रहनेवाले परिवार पर लक्ष्मी की भरपूर कृपा थी।

बीसवीं शताब्दी के प्रारंभ में, जबकि देश में नवजागरण की लहर दौड़ रही थी और स्वतंत्रता आंदोलन गतिशील हो रहा था, समाज में रूढ़िवाद को समाप्त करने के अनेक प्रयास हो रहे थे। ठाकुर साहब का सुशिक्षित परिवार आरंभ से ही रूढ़िवाद से दूर था और स्वयं ठाकुर साहब कई सामाजिक संस्थाओं के साथ मिलकर इस नवजागरण में सक्रिय थे। उनकी पत्नी भी

धार्मिक विचारों की महिला थीं और एक कुशल गृहिणी की तरह परिवार को सँभाल रही थीं। घर के बच्चे भी माता-पिता और परिवार की भाँति संस्कारवान व धार्मिकता से पूर्ण थे, किंतु शरारती भी बहुत अधिक थे।

ठाकुर साहब के घर में आरती हो रही थी कि तभी एक चीख गूँजी, जो तत्काल ही दब गई। ठाकुर साहब ने क्रोध से अपनी पत्नी को देखा, जैसे कह रहे हों कि इन बच्चों को समझाती क्यों नहीं! पत्नी ने भी असहाय भाव से अपने कंधे झटके।

आरती संपन्न हुई और सबने भगवान् के समक्ष अपने सिर झुका दिए। फिर सबने एक-एक करके पूर्ण श्रद्धाभाव से आरती के दीपक की ज्योति को प्रणाम किया। छोटे बच्चे संभवतः इसी क्षण की प्रतीक्षा कर रहे थे और वे सभी वहाँ से खिसक लिये।

''क्या हुआ ?'' ठाकुर साहब ने घूरकर पुत्र से पूछा।

''पिताजी! वो…वो… सुभद्रा ने… ।''

''पिताजी! सुभद्रा ने चिकोटी काट ली थी।''

सुभद्रा ठाकुर साहब की सातवीं संतान थी, जिसकी आयु इस समय 8 वर्ष थी। सभी बच्चों में सबसे अधिक शरारती सुभद्रा माता-पिता सहित सभी की अत्यंत प्रिय थी, जो जितनी शांत और सौम्य दिखाई देती थी, उतनी ही शरारती भी थी।

''उसके बाद… ।'' ठाकुर साहब ने अपनी दस वर्षीया पुत्री से पूछा।

''म…म… मुझे भी उसने चिकोटी काटी।''

ठाकुर साहब ने असहाय भाव से अपनी पत्नी को देखा।

''मैं…मैं इसमें क्या कर सकती हूँ। आपका ही लाड़-प्यार तो है, जिसने नन्ही को इतनी शरारतें करने की छूट दी है। समझाने बैठती हूँ तो ऐसे बैठ जाती है, जैसे उससे ज्यादा मासूम कोई है ही नहीं।'' पत्नी ने कहा।

''है कहाँ वह? आज मैं समझाता हूँ उसे।'' रामनाथ सिंह ने क्रोध में भरकर कहा।

''ढूँढ़ लीजिए। होगी घर में कहीं। मैं तो चलती हूँ। रसोई भी बनानी

है। चलो, सब अपने-अपने काम पर लगो।''

सभी नौकर-चाकर अपने-अपने काम पर लग गए।

रामनाथ सिंह मंदिर के कार्यों से निपटकर सुभद्रा को खोजने लगे तो वह उन्हें बगीचे में एक किताब खोलकर पढ़ती मिली। वह बड़ी जोर-जोर से किसी कविता का पाठ कर रही थी। रामनाथ सिंह का सारा क्रोध काफूर हो गया। वे अपनी प्यारी बिटिया को स्नेह से देखने और मुसकराने लगे।

''सुभद्रा! मेरी रानी बिटिया! अब अँधेरा हो रहा है। घर में चलो और रोशनी में जाकर पढ़ो।'' ठाकुर साहब ने प्रेम से कहा।

''चलती हूँ पिताजी! बस दो पंक्तियाँ याद करनी शेष हैं। पता है न, कल से स्कूल में प्रार्थना मुझे ही गानी है। अन्य सभी विद्यार्थी मेरे पीछे-पीछे प्रार्थना गाएँगे, जैसे आप आरती गाते हैं और हम पीछे-पीछे गाते हैं।''

ठाकुर साहब अपनी बिटिया की बात सुनकर गर्व से भर उठे।

''मेरी रानी बिटिया! तू बहुत योग्य है।'' ठाकुर साहब उसके समीप बैठ गए और उसके सिर पर हाथ फिराने लगे, ''लेकिन तू शरारत कुछ ज्यादा ही करती है।''

''पढ़ाई भी तो करती हूँ, पिताजी!''

''वह तो सभी करते हैं, लेकिन भगवान् की पूजा के समय इस प्रकार शरारत करना उचित भी तो नहीं है। इससे भगवान् नाराज हो जाते हैं।''

''भगवान् नाराज होकर क्या दंड भी देते हैं, पिताजी?'' सुभद्रा ने बालसुलभ प्रश्न किया।

''वह···वह···।'' ठाकुर साहब को कोई जवाब न सूझा तो वे पेड़ों की ओर देखने लगे।

''मुझे पता है।'' सुभद्रा ने गंभीरता से कहा, ''भगवान् विद्या की देवी सरस्वती को आज्ञा देते होंगे कि शरारती बच्चे से दूर रहो।''

''हाँ-हाँ, यही बात है।''

''फिर तो मैं कभी भगवान् के सामने शरारत नहीं करूँगी। मुझे तो पढ़ना है।''

"मेरी अच्छी बिटिया! अच्छा, अब वह कविता तो सुना, जो तूने अभी-अभी पढ़ी है। मैं भी देखूँ कि मेरी बिटिया की स्मृति कैसी है!"

सुभद्रा ने सस्वर बड़ी तन्मयता से महाकवि सूर का एक पद गाया, जिसे सुनकर ठाकुर साहब वाह-वाह कर उठे।

"अहा, बहुत सुंदर! देखना, एक दिन सब तुम्हारी प्रशंसा करेंगे। बस, तुम अपनी शरारत कम कर दो। फिर भगवान् सरस्वती देवी से कहेंगे कि इस नन्ही को ढेर सारी विद्या प्रदान करो।"

सुभद्रा ने सिर हिलाकर ऐसे संकेत दिया, जैसे आज उसे विद्या पाने का बहुत बड़ा रहस्य पता चल गया हो।

"अब चलो। देखो, सब लोग रोशनी में पढ़ने बैठ गए हैं।"

रामनाथ सिंह ने यह नियम बनाया था कि पूजा के बाद भोजन और फिर सभी बच्चे पढ़ाई करेंगे। सभी बच्चों को पढ़ने के लिए घर में अलग-अलग लालटेन थीं, जिन्हें एक नौकर प्रतिदिन साफ करता और उनमें तेल-बत्ती आदि की व्यवस्था करता था। शिक्षा के महत्त्व को जानते हुए ठाकुर साहब अपने सभी बच्चों की शिक्षा संबंधी सभी आवश्यकताओं का पूरा-पूरा ध्यान रखते थे।

□

चंचल एवं सहृदया सुभद्रा

"सुभद्रा का साहित्यिक परिवार बहुत बड़ा था। इसका कारण यह हो सकता है कि उस समय साहित्य और देशभक्ति एक-दूसरे के पूरक थे। साहित्य देशप्रेम का माध्यम था और देशप्रेम साहित्य के सृजन का कारण बन जाता था। शायद इसी कारण उस समय के साहित्यकारों का नाता उनके स्तर पर जुड़कर अत्यंत सघन और सुदृढ़ हो जाता था।"

—सुधा चौहान

ठाकुर रामनाथ सिंह की पत्नी रसोई में व्यस्त थीं। तीन कमरों में बच्चे पढ़ रहे थे। ठाकुर साहब एक अलग कमरे में बैठे अपने किसी हिसाब-किताब में व्यस्त थे। तभी सुभद्रा की तेज स्वर में काव्यपाठ करती आवाज गूँजने लगी और थोड़ी ही देर में झगड़े की आवाजें भी आने लगीं। माताजी दौड़कर वहाँ पहुँचीं।

"क्या हो रहा है यह? क्या ऐसे कोई पढ़ाई होती है?" माँ क्रोध से तमतमाते हुए बोलीं।

"माँ! यह नन्ही नहीं मान रही। तेज-तेज बोलती है तो फिर हमारा ध्यान पढ़ाई में कैसे लगेगा?" बड़े बेटे ने कहा।

"नन्ही! तू नहीं मानेगी?"

"माँ! मैंने क्या किया है। मैं तो अपना पाठ याद कर रही थी।" सुभद्रा ने आश्चर्य और भोलेपन से कहा।

''इतनी तेज आवाज में कि दूसरे भी न पढ़ सकें।''

''अब मैं क्या करूँ। अध्यापक ने कहा है कि यह पाठ मुझे तेज और मधुर स्वर के साथ ही सुनाना है।''

''नन्ही! यह सब विद्यालय में होता है। याद करने के लिए तेज बोलना जरूरी नहीं होता और फिर इससे दूसरों की पढ़ाई में भी तो विघ्न होता है।''

''माँ! इसे यहाँ से ले जाओ।'' बड़ा बेटा बोला, ''यह विचित्र-विचित्र प्रश्न पूछकर परेशान ही करती है।''

''चल सुभद्रा! तू दीदी के कमरे में जाकर पढ़। हाँ, वहाँ भी कोई शरारत न करना, वरना पिताजी क्रोधित होंगे।''

सुभद्रा ने चुपचाप अपनी किताब उठाई और दूसरे कमरे में आ गई, जहाँ उसकी दो बहनें पढ़ रही थीं। सुभद्रा को देखते ही उन दोनों बहनों के चेहरों पर परेशानी के भाव आ गए।

''लो आ गई। अब यह पढ़ने देगी?''

''अब यह शरारत नहीं करेगी और यदि करे भी तो मुझे बता देना। आज इसकी पिटाई भी हो जाएगी।'' माँ ने गुस्से से कहा।

सुभद्रा बड़े भोलेपन से अपनी किताब खोलकर बैठ गई। माँ चली गई।

''नन्ही! आवाज नहीं करना।'' बड़ी बहन ने कहा।

''नहीं करूँगी दीदी! जरा लालटेन इधर कर लो। मुझे ठीक से दिखाई नहीं दे रहा। सारा उजाला तो तुम्हारी ओर ही जा रहा है।''

बड़ी बहन ने घूरते हुए लालटेन को उसकी ओर सरका दिया।

''य··· यह अंग्रेजी है न दीदी!'' सुभद्रा ने प्रश्न किया, ''ए बी सी डी वाली।''

''हाँ-हाँ, अब तू चुपचाप पढ़।''

''लेकिन यह तो हमारी भाषा नहीं है। यह तो अंग्रेजों की भाषा है। हमें केवल अपनी भाषा ही पढ़नी चाहिए। हिंदी कितनी अच्छी है। निरगुन कौन देश कौ वासी! इसे अंग्रेजी में कैसे बोलेंगे दीदी?''

''ऊँह, मैं माँ से बोलती हूँ।''

सुभद्रा सहमकर चुप हो गई और अपनी किताब पढ़ने लगी। उसका पूरा

ध्यान अपनी दीदी की ओर था, जो अजीब भाषा पढ़ रही थी। कुछ भी तो समझ में नहीं आ रहा था। यह भी कोई भाषा हुई!

सुभद्रा बहुत देर तक यों ही बैठी रही और फिर अपनी किताब लेकर रसोई में जा पहुँची।

"माँ...माँ... दीदी के पास बैठकर नहीं पढ़ा जा रहा। वह गिटर-पिटर जैसी भाषा में बोलती है तो मेरा ध्यान भंग होता है।"

"नन्ही, अभी ठहर! तेरे लिए अलग लालटेन रखवाती हूँ। यहीं रसोई के सामने बरामदे में पढ़।" माँ गुस्से से बोलीं।

"मैं छोटे भैया के कमरे में चली जाती हूँ।"

"नहीं, बिल्कुल नहीं। तू उसे भी नहीं पढ़ने देगी।"

"क्या बात है भाग्यवान्! बड़ा शोर हो रहा है?" ठाकुर साहब वहाँ आ गए।

"यह जो तुम्हारी लाड़ली है, न तो स्वयं ढंग से पढ़ती है और न दूसरों को पढ़ने देती है। मैं तो थक गई इससे।"

"सुभद्रा बिटिया! तुम फिर से शरारत करने लगी। अभी तुम्हें बताया तो था कि जो बच्चे शरारत करते हैं, भगवान् उनके पास विद्या की देवी को आने नहीं देते। बड़ी जल्दी भूल गई।"

"यहाँ भगवान् थोड़े ही देख रहे हैं। वे तो मंदिर में हैं।" सुभद्रा ने भोलेपन से कहा, "उन्हें क्या पता?"

"बिटिया! भगवान् सब जगह होते हैं।" ठाकुर साहब हँसकर बोले, "वे सबको देखते हैं। उन्हें सब पता होता है।"

"अच्छा, लेकिन मैंने तो कोई शरारत नहीं की।"

तभी माँ ने ठाकुर साहब को सारी बात बताई तो ठाकुर साहब ने असहाय भाव से अपनी गरदन हिलाई और वे सोच में पड़ गए।

"एक काम करो। आज से सुभद्रा मेरे कमरे में बैठकर पढ़ेगी।"

इस तरह ठाकुर रामनाथ सिंह सुभद्रा को अपने कमरे में ले गए, जहाँ वह काफी देर तक बड़ी तन्मयता से पढ़ती रही। उसके कंठ से धीमे स्वर में कविता-पाठ हो रहा था। यद्यपि ठाकुर साहब को थोड़ी परेशानी तो हो रही

थी, लेकिन उन्हें इतना संतोष भी था कि उनकी युक्ति काम कर गई और सुभद्रा की शरारतों से दूसरे बच्चों की पढ़ाई में व्यवधान नहीं हो रहा था। ठाकुर साहब अपने काम में लगे हुए थे। तभी अचानक सुभद्रा इतनी जोर से चीखी कि ठाकुर साहब हड़बड़ा उठे।

"क···क्या···क्या हुआ?" ठाकुर साहब ने पूछा।

ठाकुर साहब की ओर देखकर सुभद्रा ने अपनी उँगली दीवार की ओर उठा दी, जहाँ एक छिपकली थी। तब तक घर के अन्य सदस्य भी बदहवास से वहाँ दौड़े चले आए। सुभद्रा अभी भी भयभीत दिख रही थी।

"सुभद्रा! वह तो छिपकली है। उससे कैसा डरना!" पिता ने उसे गोद में उठा लिया, "तू तो मेरी बहादुर बिटिया है।"

"इसे तो सबको परेशान करना है।" बड़ी बहन ने खीझकर कहा, "अब इसकी शरारतें बढ़ती जा रही हैं।"

"बेटी! यह छिपकली से डर गई है।" ठाकुर साहब बोले।

"पिताजी! यह तो शेर से भी नहीं डरती। बस नाटक करती है। अभी पिछले ही हफ्ते बगीचे में जो साँप मारा था, उसे इसी ने मारा था। हम सब तो डरकर दूर ही खड़े रहे थे। इसने छड़ी लेकर उसे पेड़ की ओट में से मार डाला था।"

"अच्छा, तो सुभद्रा! तू चीखी क्यों?" ठाकुर साहब आश्चर्य से बोले, "साँप को मार सकती है और छिपकली से डरती है।"

"मुझे भूख लगी है, पिताजी!" सुभद्रा बोली।

"भूख लगी है तो बोल सकती थी।" माँ ने डाँटकर कहा, "इस तरह नाटक करके सबको परेशान क्यों करती है? देखा, सबने अपनी पढ़ाई छोड़ दी।"

"सुभद्रा! यह अच्छी बात नहीं है।" पिता भी क्रोध से बोले, "इस तरह तुम्हें कोई स्नेह न करेगा। कोई तुमसे बात न करेगा। अब तुम इतनी छोटी भी नहीं हो कि इतनी शरारतें करो। समझी, आगे से ध्यान रखना। अब ऐसी कोई गलती की तो हमसे बुरा कोई नहीं होगा।"

पिता ने सुभद्रा को गोद से उतार दिया तो वह दौड़कर माँ के पास चली

गई। माँ ने उसकी उँगली पकड़ी और अपने साथ रसोई की ओर ले गईं तथा उसे समझाने लगीं।

यह वह समय था, जब भारत में स्वतंत्रता आंदोलन कई माध्यमों से होकर ब्रिटिश शासन को भयभीत कर रहा था। ठाकुर रामनाथ सिंह भी इस आंदोलन में अप्रत्यक्ष रूप से भाग ले रहे थे। वे एक सामाजिक व्यक्ति थे और अपने परिवार के प्रति अपने दायित्वों को समझते थे। इसी कारण वे प्रत्यक्ष रूप से सक्रिय नहीं थे। वे देख रहे थे कि ब्रिटिश सरकार की दमन-नीति अन्यायी होती जा रही थी और वे यह भी नहीं चाहते थे कि सरकार का कोपभाजन बन जेल या निर्वासन का दंड भोगें, जिसका सीधा असर उनकी गृहस्थी पर पड़े।

जब 1905 में लॉर्ड कर्जन ने बंगाल-विभाजन की घोषणा की थी, उस समय उसके विरोध में सारा देश उठ खड़ा हुआ था। कांग्रेस के नेतृत्व में अहिंसक प्रदर्शन हो रहे थे तो गरम दल भी हिंसक गतिविधियों से स्वराज की माँग कर रहा था। बंग-भंग विरोध के इस आंदोलन को दबाने में ब्रिटिश सरकार ने सभी नियम ताक पर रख दिए थे और वह भारतीयों को जेल में डाल रही थी। इलाहाबाद भी इन आंदोलनों से अछूता नहीं था, बल्कि बंगाल के बाद संयुक्त प्रांत का यह क्षेत्र क्रांति का प्रमुख केंद्र बनता जा रहा था। ऐसे में सरकार की दृष्टि हर उस भारतीयों पर रहती थी, जो किसी भी प्रकार क्रांति का समर्थक था।

ठाकुर रामनाथ सिंह इलाहाबाद के सम्मानित और संपन्न व्यक्ति थे। अत: उन पर भी सरकारी तंत्र की निगाह थी। रामनाथ सिंह ने भारतीय होने के नाते अपने राष्ट्रीय प्रेम को छिपाया तो नहीं, लेकिन वे सरकारी तंत्र को यह विश्वास दिलाते हुए सामाजिक आंदोलन का हिस्सा बने रहे कि क्रांति के मार्ग के नहीं, बल्कि शांति के मार्ग के अनुयायी हैं। इसी समय उनके घर 1905 में संतान के रूप में कन्या-रत्न सुभद्रा का जन्म हुआ। तब किसने सोचा था कि वह कन्या देश की काव्य-क्रांति की प्रथम राष्ट्रीय कवयित्री होने का गौरव प्राप्त करेगी।

परिवार में सबसे छोटी होने के कारण सुभद्रा सबको बहुत प्रिय थी और

उनका बचपन माता-पिता, बहन-भाइयों की गोद में बीता। पिता ने शिक्षा का महत्त्व स्वीकार करते हुए सभी बच्चों को शिक्षित बनाने का संकल्प लिया था। सुभद्रा की प्रारंभिक शिक्षा घर पर ही हुई। उसके बाद उनकी शिक्षा स्थानीय विद्यालय में आरंभ हुई। स्वभाव से गंभीर सुभद्रा धीरे-धीरे शरारती हो गई थी, जो कि अकसर इस आयु में बालक हो ही जाते हैं। संस्कारों से उदार-हृदया सुभद्रा 8 वर्ष की आयु तक आते-आते चंचल बन गई थी और सबको परेशान करने लगी थी।

सुभद्रा की बालसुलभ शरारतों पर उसे कई बार डाँट भी पड़ जाती थी, लेकिन उसका शरारती मन शरारतें करने से बाज नहीं आता था। ऐसा भी नहीं था कि सुभद्रा का स्वभाव शरारती ही था। वे संस्कारों से पूर्ण थीं। पारिवारिक वातावरण में उनके हृदय में सबके प्रति सहृदयता थी।

एक दिन घर के वृद्ध और पुराने नौकर को बुखार हो गया। सुभद्रा उस वृद्ध नौकर को प्यार से काका कहती थी और काका भी सुभद्रा को बहुत स्नेह करते थे। सुभद्रा जब भी विद्यालय जाती तो काका को 'नमस्ते' कहना न भूलती थी। काका अकसर काम में व्यस्त ही दिखाई देते थे। उस दिन जब सुभद्रा विद्यालय जा रही थी, उसे काका दिखाई न दिए। वह उनके कमरे में गई, जहाँ काका अपनी चारपाई पर पड़े बुखार से काँप रहे थे।

"काका! क्या हुआ? अरे, आपको तो बहुत तेज बुखार है।" सुभद्रा ने काका का हाथ पकड़कर कहा, "मैं अभी माँ को बताती हूँ।"

"रहने दो बिटिया! तुम विद्यालय चली जाओ। मैं ठीक हो जाऊँगा।" काका ने कँपकँपाती आवाज में कहा।

"ऐसे कैसे ठीक हो जाएँगे। बिना दवाई के कहीं बुखार जाएगा।"

"चला जाएगा। अभी सिर पर पानी से भीगी पट्टी रखूँगा तो तीन बार में ही बुखार उड़नछू हो जाएगा। तुम विद्यालय चली जाओ बिटिया! तुम्हें देर हो रही है।"

"अच्छा, मैं आपके माथे पर गीली पट्टी रख देती हूँ।"

"अरे, नहीं-नहीं बिटिया! तुम…तुम विद्यालय जाओ।"

सुभद्रा ने काका की एक न सुनी और वह अपनी किताबों का थैला वहीं

रखकर काका का तौलिया पानी में भिगोकर ले आई और बड़े यत्न से तह बनाकर उसे काका के माथे पर रख दिया।

"जुग-जुग जियो बिटिया! भगवान् तुम्हें सदैव सुखी रखे। अब तुम पानी का लोटा मेरे पास रख दो और विद्यालय चली जाओ। जब तक तुम आओगी, मैं बिल्कुल ठीक हो जाऊँगा।"

"ठीक है काका! मन तो नहीं मानता, लेकिन चली जाती हूँ। किसी से बोलकर जाती हूँ, जिससे वह तुम्हारा ध्यान रखेगा।" इतना कहकर सुभद्रा अपना थैला लिये बाहर चली आई। इस बारे में उसने माँ को बताना उचित समझा और उनके पास चली गई।

"माँ···माँ!"

"अरे सुभद्रा! तू अभी तक विद्यालय नहीं गई?" माँ ने पूछा।

"माँ! क··· काका को बहुत तेज बुखार है। मैं उनके सिर पर गीली पट्टी रख आई हूँ। अब वे जल्दी ठीक हो जाएँगे।" सुभद्रा ने गंभीरता से कहा।

"अच्छा, अब तू विद्यालय जा। मैं किसी नौकर को भेजकर वैद्यजी को बुलाकर काका को दवा दिलवा दूँगी।" माँ ने स्नेह से अपनी दयालु बेटी की ओर देखा।

सुभद्रा चली गई। चूँकि वह देर से विद्यालय पहुँची थी, तो अध्यापक ने उससे देर से आने का कारण पूछा। सुभद्रा ने अध्यापक को सारी बात सच-सच बता दी। अध्यापक सुभद्रा की सहृदयता से बहुत प्रभावित हुए। उन्होंने अन्य छात्रों को भी उनसे सीख लेने की बात कही।

"संसार में कोई छोटा-बड़ा नहीं होता। सभी समान हैं। मानव के प्रति मानव का व्यवहार ऐसा ही होना चाहिए। सुभद्रा को देखो। वह अपने घर के नौकर से भी ऐसी आत्मीयता रखती है। तुम सबको भी उससे सीख लेते हुए मन में यह संकल्प लेना चाहिए कि जीवन में ऐसा ही सदाचार करना चाहिए।"

सुभद्रा को विद्यालय में ऐसी प्रशंसा मिलती ही रहती थी। वह अपनी कक्षा की मॉनीटर भी थी। वह अकसर कक्षा के कमजोर छात्रों की सहायता

भी करती रहती थी। कई बार तो वह निर्बल और निर्धन छात्रों के प्रति दया दिखाते हुए अपनी पुस्तक आदि भी उन्हें पढ़ने को दे देती थी। घर आकर वह अपने पिता को बताती तो उसे नई पुस्तक भी मिल जाती और पिता की प्रशंसा भी।

सुभद्रा उस दिन विद्यालय में जितना भी समय रहीं, उतना समय उनका कोमल मन काका के बुखार की ओर ही लगा रहा। यद्यपि वह जानती थी कि उनकी माँ ने वैद्य को बुलवाकर उन्हें दवा दिलवा दी होगी, लेकिन फिर भी स्नेह का बंधन ऐसा था कि सुभद्रा का मन विचलित ही रहा।

विद्यालय की छुट्टी होते ही सुभद्रा घर की ओर दौड़ पड़ी। घर विद्यालय से अधिक दूरी पर नहीं था, फिर भी सुभद्रा दौड़ती हुई घर पहुँची और काका के कमरे में जा घुसी। वहाँ पहले से ही एक नौकर बैठा था।

''काका! अब आपकी तबीयत कैसी है?'' सुभद्रा ने व्यग्रता से पूछा।

''अभी भी बुखार तेज है।'' पास बैठे नौकर ने बताया, ''वैद्यजी कहीं पड़ोस के गाँव में रोगी को देखने गए हैं। उनकी पत्नी ने कुछ पुड़िया दी थी, लेकिन अभी तक कोई लाभ नहीं हुआ, बिटिया!''

सुभद्रा के माथे पर चिंता की लकीरें उभर आईं। अर्धमूर्च्छित काका को देखकर वह माँ के पास जा पहुँची।

''अरे सुभद्रा बिटिया! आ गई!'' माँ स्नेह से बोलीं, ''चल, हाथ-मुँह धो ले। मैंने तेरे लिए खिचड़ी बनाई है।''

''मुझे भूख नहीं है माँ! काका की तबीयत अभी भी खराब है।''

''ठीक हो जाएँगे, बिटिया। वैद्यजी ने दवा दे दी है। इतना चिंतित क्यों होती है? इस आयु में बुखार-ताप आ ही जाते हैं।'' माँ ने अपनी प्यारी बिटिया को पास बुलाकर कहा, ''तुम अभी कुछ खा-पी लो। मैं जाकर देखती हूँ।''

सुभद्रा उदास मन से हाथ-मुँह धोने चली गई। हाथ-मुँह धोकर उसने देखा कि माँ बाहर चली गई हैं। तभी उनकी बड़ी बहनें भी विद्यालय से लौटकर आ गईं और उसे उदास देखकर चौंक पड़ीं।

''अरे मुनिया! तुझे क्या हुआ है? तेरा चेहरा क्यों उतरा हुआ है?''

''दीदी! काका की तबीयत बहुत खराब है।''

''क्या हुआ काका को?''

''उन्हें सुबह से बहुत तेज बुखार है। मैं स्कूल गई थी, तभी से उन्हें बुखार है। वैद्यजी भी नहीं मिले।'' सुभद्रा रुआँसी हो उठी।

''अरी मुनिया!'' बड़ी दीदी ने कहा, ''तू भी बड़ी पागल है। तू तो ऐसे घबरा रही है, जैसे बुखार नहीं, कोई भयानक बीमारी है। अरी, वे जल्दी ही ठीक हो जाएँगे।''

सुभद्रा ने कुछ न कहा। उसे इस तरह के आश्वासन से तसल्ली नहीं मिलती थी। वह उदार हृदय लड़की मानव से मानव के प्रेम को ही जीवन का सार समझ रही थी। उसकी दृष्टि में कोई छोटा या बड़ा नहीं था। वैसे भी सुभद्रा नौकर-मालिक के भेद को नहीं मानती थी। उसकी दृष्टि में नौकर भी उसी घर के सदस्य थे। सुबह से शाम होने तक उसका मन व्याकुल ही रहा। जब वैद्यजी आ गए, तब उसे कुछ संतोष मिला। वैद्यजी ने बताया कि वृद्धावस्था के कारण ऐसा होना स्वाभाविक ही था। अतः रोगी को कुछ दिन पूर्ण विश्राम की आवश्यकता थी।

सुभद्रा आयु में छोटी अवश्य थी, लेकिन उसने पूर्ण आत्मीयता से काका का ध्यान रखा। माता-पिता को अपनी पुत्री पर गर्व था और उन्होंने सुभद्रा की उदारता को निखारने में किसी प्रकार का अवरोध भी उत्पन्न नहीं किया। सुभद्रा का यह उदार व्यवहार समान रूप से सबके लिए था। भले ही वह अपने भाई-बहनों के साथ शरारत करती थी। ये सब गुण सांस्कारिक थे।

माता-पिता अपने सभी बच्चों को अच्छे संस्कार और अच्छी शिक्षा देने के प्रति गंभीर थे। माता रात के समय सभी बच्चों को महापुरुषों की प्रेरक कहानियाँ सुनातीं। पिता भी देश की वर्तमान स्थिति पर चर्चा करके अपने बच्चों का ज्ञानवर्द्धन करते थे। अन्य सभी बच्चे तो इसे शिक्षा का अंग मानकर गौर से सुनते थे, लेकिन सुभद्रा के लिए यह सब देश-प्रेम की बातें थीं। वह पिता से कई प्रकार के प्रश्न पूछती थी। पिता उसकी उत्सुकता के साथ प्रश्नों की गंभीरता को समझते थे और मन-ही-मन प्रसन्न भी होते थे।

□

काव्याकाश में पहली उड़ान

"सुभद्रा के चमत्कार-वर्जित काव्य में वह मौलिकता उत्पन्न हुई, वह रस-ग्रहिणी और प्रदायिनी शक्ति उत्पन्न हुई, जिसके द्वारा उनके साहित्य के माध्यम से युग और युग के माध्यम से उनके साहित्य का अध्ययन सफलतापूर्वक किया जा सकता है।"

—गजानन माधव मुक्तिबोध

हिंदी साहित्य में काव्य-लेखन की परंपरा प्राचीन रही है। अति प्राचीन समय में संस्कृत लिपि में ग्रंथ और भाष्य भी हुए हैं, लेकिन हिंदी साहित्य का आरंभ काव्य-रचना से ही हुआ। इसका कारण छपाई आदि की कोई सुविधा न होना और गद्य की जटिलता थी। गद्य के विस्तार को आसानी से याद रखना संभव नहीं था, जबकि काव्य की एक पंक्ति में भी विस्तृत भावार्थ को देना संभव था। हिंदी साहित्य ही काव्य के इतिहास से जुड़ा हुआ है।

हिंदी काव्य का प्रारंभ 8वीं-9वीं शताब्दी के लगभग हुआ था, लेकिन व्यवस्थित रूप इसे 10वीं शताब्दी में ही मिला। साहित्यकारों ने तब से अब तक के काव्य-इतिहास का काल-विभाजन चार कालखंडों में किया है—

आदिकाल (743 से 1318 तक)
भक्तिकाल (1318 से 1643 तक)
रीतिकाल (1643 से 1843 तक)
आधुनिक काल (1843 से अब तक)

आदिकाल (743 से 1318 तक)

विद्वानों के अनुसार, इस कालखंड में हिंदीभाषी उत्तर भारत में रजवाड़ा शासन प्रणाली थी और अनेक छोटे-छोटे रजवाड़े स्थापित थे, जो आपस में द्वेष एवं संघर्ष में रत थे। इसी समय उत्तर भारत में अरबों का प्रभुत्व स्थापित हो रहा था। सामाजिक दृष्टि से यह युग घोर विस्थापन का युग था। समाज में निर्धनता, अशिक्षा और अंधविश्वास व्याप्त थे। चारों ओर युद्ध का वातावरण व्याप्त था। अतः इस काल में कवि रजवाड़ों में चारण, भाट आदि विशेषणों से अलंकृत थे। ये कवि वीर रस से सराबोर काव्य गाकर अपने राजा की वीरता, शौर्यता का गुणगान करते थे और सेना में वीर रस की कविताओं से ओज भरते थे। इस काल में प्रमुख रचनाएँ और रचनाकार निम्नवत् रहे थे—

1. विजयपाल रासो —नल्ल सिंह
2. हम्मीर रासो —शार्ङ्गधर
3. पृथ्वीराज रासो —चंदबरदाई

इस काल में अधिकांश युद्धों का मूल नारी होती थी। अतः इसमें वीर रस के साथ शृंगार रस की भी प्रधानता होती थी और इनमें राष्ट्रीयता का अभाव होता था। मुक्तक और प्रबंध शैली में 'डिंगल-पिंगल' का प्रयोग किया जाता था। साहित्यिक राजस्थानी भाषा डिंगल और साहित्यिक ब्रज भाषा पिंगल का सम्मिश्रण कर इस भाषा में अरबी और फारसी के शब्दों का प्रयोग भी किया जाता था।

भक्तिकाल (1318 से 1643 तक)

हिंदी काव्य के विकास में इस कालखंड का महत्त्वपूर्ण योगदान है। इस युग में लोकमंगलकारी, धर्म से संबंधित भक्तिपूर्ण काव्य की रचना हुई और इस युग को हिंदी साहित्य का स्वर्ण युग कहा गया। राजनैतिक दृष्टि से इस समय में उत्तरी भारत में मुसलिम साम्राज्य की स्थापना हो चुकी थी। धर्म को लेकर हिंदू-मुसलिम के बीच संघर्ष सतत चल रहा था। धर्म-परिवर्तन की घटनाओं में पारिवारिक विघटन हो रहे थे। बौद्ध धर्म प्रबल होता जा रहा था।

ऐसे में आदिशंकराचार्य द्वारा अद्वैतवाद का प्रचार किया गया, जिसने भक्ति-आंदोलन को जन्म दिया। यहीं से भक्ति-काव्य का युग चल पड़ा।

भक्तिकाल में अनेक कवि और विद्वानों ने, जिनमें अधिकांश संत-समाज से थे, अपने मतों और सिद्धांतों का प्रतिपादन काव्य के माध्यम से ही किया। निर्गुण और सगुण धाराओं में ज्ञानमार्गी, प्रेममार्गी तथा रामभक्ति और कृष्णभक्ति का प्रभाव रहा। इस युग की निर्गुण धारा के प्रमुख कवि कबीरदास, मलूकदास, रविदास और नानक थे, जो ज्ञानमार्गी काव्य के रचयिता थे। प्रेममार्गी काव्य में मलिक मुहम्मद जायसी, दाउद और कुतुबन आदि थे। सगुण धारा में कृष्णभक्ति शाखा के प्रमुख कवि सूरदास, कुंभनदास, रसखान और मीराँबाई आदि रहे तो रामभक्ति शाखा के प्रमुख कवि तुलसीदास ने समन्वय लोककल्याण भावना से पूर्ण काव्य का विकास किया। इन रचनाओं में 'सूरसागर' और 'रामचरितमानस' सर्वोपरि हैं।

रीतिकाल (1643 से 1843 तक)

इस युग में मुगल साम्राज्य काल में सुरा-सुंदरी की प्रधानता ने श्रृंगार रस से युक्त नारी-सौंदर्य काव्य की रचनाओं से भक्ति-काव्य की भावना को मंद कर दिया था। इस युग में रीतिबद्ध और रीतियुक्त काव्य-धाराओं में काव्य-रचनाएँ रची गईं। रीतिबद्ध काव्यधारा के प्रमुख कवि केशव, मतिराम और बिहारी आदि रहे, जिन्होंने रीति से बँधी धारा में चमत्कार और श्रृंगार की प्रधानता का वर्णन किया। रीतियुक्त काव्यधारा में कवियों ने स्वच्छंद प्रेमभाव से प्रेरित रीति से हटकर काव्य-रचनाएँ रचीं। इस धारा के प्रमुख कवि आलम, बोधा और घनानंद थे। इस काल में कवियों ने श्रृंगार के संयोग और वियोग दोनों पक्षों का चित्रण किया। इस काल में मुक्तक शैली में कवियों ने रसिकता का भाव रखकर नारी-सौंदर्य का वर्णन किया। इस काल में वीर रस की क्षीण धारा भी प्रवाहित रही। ब्रज भाषा में विशेष निखार, माधुर्य, अर्थ और प्रांजलता का समावेश भी इसी काल में हुआ था। यह कालखंड अत्यंत मनोरम और समृद्ध रहा।

आधुनिक काल (1843 से अब तक)

इस काल में गद्य और पद्य (काव्य) दोनों ही विधाओं का विशेष विकास हुआ। पद्य के साथ गद्य ने भी अपना स्थान बनाया। इस समय तक मुगलशाही का पतन हो चुका था और ब्रिटिश शासन ने देश की अब तक की सुषुप्तता का पूरा लाभ उठाते हुए उसे बहुत दयनीय स्थिति में पहुँचा दिया था। परतंत्रता की बेड़ियों में जकड़े समाज को विदेशी शासन के विरुद्ध जनभावना जाग्रत् करने का कार्य काव्य-क्रांति ने भी किया। इस काव्य-काल में आधुनिक चेतना का भाव रहा। देशप्रेम के साथ भारतीय जनजीवन का समन्वय, प्राचीन और नवीन का समन्वय इस युग की प्रधानता रही। इनमें विचार तथा गंभीरता का अभाव था और कई बार तो शब्दजाल का प्रभाव ही अधिक दिखाई देता था, फिर भी समय की माँग को देखते हुए खड़ी बोली पद्य का प्रारंभ हो गया था। आधुनिक काल को विद्वानों ने निम्न भागों में विभाजित किया है—

1. भारतेंदु युग
2. द्विवेदी युग
3. छायावादी युग

भारतेंदु युग

इस युग में नवीन और प्राचीन विषयों का समन्वयन और सामाजिक सुधारों से परिपूर्ण संदेश के साथ ब्रिटिश सरकार के विरुद्ध शेष प्रकट करनेवाले काव्य का सृजन हुआ। जबकि प्रमुख कवि भारतेंदु हरिश्चंद्र, बदरीनारायण चौधरी 'प्रेमघन' और प्रतापनारायण मिश्र आदि रहे।

द्विवेदी युग

आधुनिक हिंदी काव्य का यह दूसरा चरण सन् 1900 से 1920 तक माना गया है। आचार्य हजारीप्रसाद द्विवेदी ने भाषा का व्याकरणिक सुधार किया। इस काल में बौद्धिकता और देशप्रेम के साथ धार्मिक भावना एवं

लोक-कल्याण की भावना ने काव्य में स्थान पाया। नारी के प्रति सहानुभूति और उसके सम्मान का संदेश देता यह काव्य-काल भाषा की दृष्टि से अत्यंत महत्त्वपूर्ण रहा। इस युग में कवियों ने भाषा को परिमार्जित और परिष्कृत रूप प्रदान किया। खड़ी बोली की प्रतिष्ठा इसी युग में स्थापित हुई। इससे पहले अवधी और ब्रज भाषा का वर्चस्व था। इस युग में कवियों ने अपने काव्य में भारत के शौर्यपूर्ण अतीत का गुणगान किया। इससे देश में बढ़ रही स्वतंत्रता आंदोलन की चिंगारी को हवा मिली। ब्रिटिश सरकार ने ऐसी रचनाओं और रचनाकारों को अपने लिए बहुत बड़ा खतरा समझा था और इन पर कानूनी प्रतिबंध भी थोपने चाहे थे।

छायावादी युग

सन् 1920 से 1946 तक के दो विश्वयुद्धों के बीच छायावादी काव्य का युग उदय हुआ। इस युग में देशप्रेम की भावना कूट-कूटकर भरी थी और कवियों ने ललकारनेवाले काव्य से भारतीयों का आह्वान स्वतंत्रता में कूद पड़ने के लिए किया। परंपरागत रूढ़ियों का विरोध, दीन-हीन के प्रति सहानुभूति, सामाजिक विषमता के प्रति आक्रोश और क्रांति की ज्वलंत भावना का इस काव्य में प्रचुर विकास रहा है। भाषा में शुद्धता ने काव्य को जनसाधारण के लिए सहज बनाया। मुख्य रूप से स्वातंत्र्य परिप्रेक्ष्य में इस युग के कवियों का योगदान अतुलनीय और अविस्मरणीय रहा है। इस युग के प्रमुख कवि जयशंकर प्रसाद, महादेवी वर्मा, सूर्यकांत त्रिपाठी 'निराला' आदि रहे हैं। इन्हीं कवियों में सुभद्राकुमारी चौहान का नाम भी उल्लेखनीय है। इस युग में हिंदी कविता में भाव और कला दोनों का पर्याप्त विकास हुआ। अतुकांत छंद इसी युग की देन है।

इस प्रकार हिंदी काव्य के इतने लंबे कालखंड में निरंतर शुद्धि और विकास होता रहा है। यह अभी भी सतत जारी है। सुभद्रा कुमारी चौहान ने अपनी पहली कविता 1919 में 9वीं कक्षा में पढ़ते हुए 15 वर्ष की आयु में लिखी। इससे पहले भी वे कविताएँ लिखने का प्रयास करती रही थीं। उनका

कवि-मन जब भी कुछ सोच लेता, तभी वे कविता लिखने बैठ जातीं, फिर भले ही लेखन-पुस्तिका किसी भी विषय की हो।

अप्रैल 1948 में 'हंस' पत्रिका में गजानन माधव मुक्तिबोध ने सुभद्रा कुमारी चौहान के बारे में अपने विचार प्रस्तुत करते हुए लिखा—"सुभद्रा के साहित्य में जो स्वाभाविक-प्रवाहमयी सरलता है और जो अहेतुक गंभीर मुद्रा का खटकता सा लगनेवाला अभाव है, उसका कारण है जीवन के उस मौलिक उद्वेग का राग, जिसने समाज में भिन्न-भिन्न रूप धारण किए। राष्ट्रीय आंदोलन उसका एक रूप था, उसकी एक अभिव्यक्ति थी। स्त्रियों की स्वाधीनता का प्रश्न उसका दूसरा रूप था और पतित जातियों का उत्थान तीसरा।"

व्यक्तित्व के धरातल पर इन्हीं रूपों ने देशभक्ति, वीरोत्साह और विश्व-मानवता के प्रति आस्था के साथ मनुष्य के परस्पर वास्तविक संबंधों अर्थात् उसके व्यक्तिगत प्रधान भावों का संगम करा दिया। इस प्रकार मानव-चेतना को ऐसे सिंहद्वार पर उपस्थित करा दिया, जिसको खोलने के उपरांत मनुष्य अपने जीवन को स्पृहणीय परिस्थितियों में देखेगा और आँकेगा।

उस सिंहद्वार को धक्का देता हुआ अभी भी जनयूथ खड़ा हुआ, परंतु उस प्रयत्न को प्रारंभ करनेवाले, उस प्रयत्न के उल्लास को काव्य का रूप देनेवाले और उस काव्य को उष्मा भरी मानवीय गंध में बोर देनेवाले जो कवि एवं कार्यकर्ता हुए, उनका स्मरण, उनके प्रयत्नों का अध्ययन और मूर्तिकरण अपने आपमें एक प्रेरणामय उदात्त कर्म है।

यह निस्संदेह और निस्संकोच कहा जा सकता है कि सुभद्राजी के साहित्य में अपने युग के मूल उद्वेग, उसके भिन्न-भिन्न रूप अपनी आभरणहीन प्रकृत शैली में प्रकट हुए हैं। यह एक विशेष और भिन्न प्रश्न है कि उनके काव्यरूप कहाँ तक सफल हुए हैं।

एक दिन कक्षा में गणित से संबंधित कुछ प्रश्न हल करने के लिए दिए गए। सुभद्रा ने सभी प्रश्न ठीक प्रकार से हल किए। पढ़ने में उनकी रुचि निरंतर बढ़ती गई। विशेषकर हिंदी काव्य में उनकी रुचि अधिक थी। उनके

समय में उपलब्ध काव्य भक्तिकाल-रीतिकाल से ही था। यदा-कदा उन्हें आदिकाल से संबंधित काव्य भी पढ़ने को मिल जाता था। सुभद्रा की बौद्धिक क्षमता ऐसी थी कि अपने सभी विषयों पर पूरा ध्यान देती थीं।

गणित भी सुभद्रा का प्रिय विषय था। गणितीय आँकड़ों में उनकी रुचि उनके पिता ने जगाई थी। सुभद्रा ने अध्यापक द्वारा दिए गए सभी गणितीय प्रश्न हल करके अपनी उत्तर-पुस्तिका सबसे पहले अध्यापक के सामने रख दी। अध्यापक को सुभद्रा की योग्यता पर विश्वास था। अध्यापक ने कॉपी को उठाया और उसे खोला तो चौंक उठे। गणित की कॉपी में कुछ कविताएँ लिखी हुई थीं। अध्यापक इस मामले में जरा कड़क थे। वे नहीं चाहते थे कि किसी भी विषय की कॉपी में अन्य विषय से संबंधित कुछ भी लिखा जाए। अपने गणित विषय में तो वे ऐसा बिल्कुल भी पसंद नहीं करते थे। सबसे पहले उन्होंने कविताओं को पढ़ा। कविताएँ अधिक गूढ़ तो नहीं थीं, लेकिन उनमें देशप्रेम की भावना स्पष्ट दृष्टिगोचर हो रही थी।

''सुभद्रा!'' अध्यापक ने तनिक क्रोध से कहा, ''इधर आओ।''

सुभद्रा सहमी हुई अध्यापक के पास गई।

''यह सब क्या है?''

''मास्टरजी! वह···· वह····।''

''तुम्हें अच्छी तरह पता है कि किसी विषय की कॉपी में कुछ अन्य लिखना मुझे पसंद नहीं, फिर भी तुम जानबूझकर इस तरह की शरारत करती हो।''

सुभद्रा कुछ न बोलीं। वे चाहती थीं कि अध्यापक को कुछ बताएँ, लेकिन फिर उन्होंने जानबूझकर ऐसा नहीं किया।

''देखो बिटिया! मैं जानता हूँ कि तुम्हारे अंदर एक कवयित्री भी विद्यमान है, लेकिन यह कवयित्री अभी अपरिपक्व है। इसे अभी बहुत कुछ अध्ययन करना है, तभी इसकी कविता में प्राण पड़ेंगे। अभी तुम्हारी कविता का मात्र ढाँचा ही तुमसे बन पाता है। इसमें भावों और अर्थों का संचार करने के लिए तुम्हें अपनी बौद्धिक- क्षमता और कल्पनाशक्ति को प्रबल करना होगा और

यह सतत शिक्षा से ही संभव है। अत: अधिकांश समय अपनी शिक्षा को दो। शिक्षा से ही काव्यकला में प्रवीणता आती है। ईश्वर ने इस कला में और अधिक शक्ति देने के लिए शिक्षा का सृजन किया है।''

सुभद्रा का मन चाहा कि उनसे पूछे कि सूर, कबीर, तुलसी आदि ने कौन से विद्यालय में शिक्षा प्राप्त की थी, लेकिन अब वे गंभीर हो चुकी थीं, इसीलिए उन्होंने मौन रहना उचित समझा। अध्यापक ने अपने नियम के आधार पर सुभद्रा की शिकायत उनके माता-पिता से की।

''सुभद्रा! अब तुम बड़ी हो गई हो।'' माँ ने समझाया, ''कुछ भी अर्जित करने की पद्धति में नियमों की अनदेखी नहीं की जानी चाहिए। आगे से ध्यान रहे कि इस प्रकार की कोई शिकायत न आए।''

पिता रामनाथ सिंह ने अपनी पुत्री की काव्य-प्रतिभा को पहचान लिया था और उन्हें गर्व भी था कि उनकी पुत्री कवयित्री बनने की ओर अग्रसर है। उन्होंने सुभद्रा को समझाया कि कविता आदि लिखने के लिए उन्हें अलग से कॉपी रखनी चाहिए और विद्यालय के नियमों का भली-भाँति पालन करना चाहिए। इससे सुभद्रा को उत्साह मिला, फिर भी उनका यों नियमों का अवरोध मान्य न हो सका था।

□

वैवाहिक जीवन

"सुभद्राजी की राष्ट्रीय कविताओं से प्रेरित होकर राष्ट्रकवि रामधारी सिंह दिनकर भी उनके जैसा बनना चाहते थे। उनकी आस्था पंत, निराला, प्रसाद और महादेवी जैसे छायावादी कवियों में नहीं, बल्कि सुभद्राजी की ओजपूर्ण कविताओं में थी।"

—राजेंद्र उपाध्याय

सन् 1919 में ऐसी कई घटनाएँ घटित हुईं, जिन्होंने भारतीय जनमानस में आक्रोश को चरम-सीमा तक भड़का दिया था। बंग-भंग से उठा आक्रोश ब्रिटिश सरकार की दमनकारी नीतियों से यदि दब भी गया तो 1919 में यह अपने प्रलयंकारी रूप में तब सामने आ गया, जब सरकार ने 19 मार्च, 1919 को रौलेट ऐक्ट लागू किया। इस कानून से ब्रिटिश सरकार ने एक तरह से पुलिस को अतिरिक्त पाशविक शक्ति प्रदान कर दी थी, जिससे पुलिस किसी भी भारतीय को संदेह के आधार पर गिरफ्तार कर सकती थी।

रौलेट ऐक्ट कानून के तहत गिरफ्तार व्यक्ति को वकील, दलील और अपील का भी कोई अधिकार नहीं था। महात्मा गांधी के नेतृत्व में इस काले कानून के विरोध में देशव्यापी हड़ताल हुई। देश में कई जगह प्रदर्शन किए गए। इससे ब्रिटिश सरकार ने सख्ती की और कई बड़े दिग्गज लोगों को गिरफ्तार किया गया। इन गिरफ्तारियों का विरोध करने के लिए पंजाब के अमृतसर में जलियाँवाला बाग में एक विशाल जनसभा का आयोजन किया

गया। 13 अप्रैल, 1919 को जनरल डायर के आदेश पर यहाँ ब्रिटिश बंदूकों ने निहत्थे लोगों को घेरकर गोलियों से भून दिया। इस नरसंहार में लगभग एक हजार लोग मारे गए। इस निर्दयता ने भारतीय जनमानस में ब्रिटिश सरकार के विरुद्ध भीषण आक्रोश पैदा कर दिया।

इन घटनाओं ने कवयित्री सुभद्रा कुमारी को झकझोर दिया। उन्होंने तभी संकल्प लिया कि वे इस क्रांति-यज्ञ में अपनी कलम से योगदान करेंगी। उनके मन में काव्य-क्रांति के बीज अंकुरित हो उठे थे और पहले की अपेक्षा उनकी कविताओं में ही नहीं, बल्कि कहानियों में भी अधिक भाव-प्रवणता सरलता और स्पष्टता का भाव था। प्रसिद्ध साहित्यकार राजेंद्र उपाध्याय ने 'सुभद्रा कुमारी चौहान की कथादृष्टि' नामक लेख में लिखा है—

''स्वयं को गंभीर, कलात्मक एवं उत्कृष्ट घोषित करनेवाली संघर्ष-विरत साहित्य-दृष्टि ने सुभद्राजी जैसी संघर्षकारी साहित्यधारा को आज एक किनारे पर कर दिया है। उस निगाह से देखें तो सुभद्राजी की कहानियाँ अलंकृत, सरल और जहाँ-जहाँ से अनगढ़ भी हो सकती हैं, किंतु अपनी यथार्थ दृष्टि और सादगी में वे आज भी इतनी विचारमयी और मर्मबेधी हैं कि उन्हें भूल पाना कठिन होगा। उनकी कहानियों के पात्र इतने सहज, निश्छल और पारदर्शी हैं कि हमें मजबूरन उनके प्रति आकृष्ट होना पड़ता है। उनकी रचनाएँ पढ़ने के लिए 'पंडितों की भाषा' जानने की पूर्ण परिपक्वता नहीं चाहिए, बल्कि उनकी रचनाएँ तो हृदय की भाषा में लिखी गई हैं।''

इसी बीच ठाकुर रामनाथ सिंह ने अपनी पुत्री सुभद्रा कुमारी का विवाह मध्य प्रदेश के खंडवा निवासी लक्ष्मण सिंह चौहान के साथ कर दिया। सुभद्रा कुमारी अब सुभद्रा कुमारी चौहान बन गई थीं। लक्ष्मण सिंह चौहान संपन्न परिवार से थे। वे बी.ए. और एल-एल.बी. तक उच्च शिक्षा प्राप्त वकील थे। उनकी वकालत उन दिनों बहुत अच्छी चल रही थी और वे अभी पढ़ भी रहे थे। यद्यपि उस समय सुभद्रा 9वीं कक्षा में ही पढ़ रही थीं, लेकिन उनकी प्रतिभा उन दिनों कुछ कविताओं के माध्यम से सामने आ गई थी। लक्ष्मण सिंह चौहान उच्च शिक्षित और रूढ़िवादी परंपराओं के विरोधी थे। वे

अपनी पत्नी सुभद्रा को भी जान चुके थे कि सुभद्रा भी रूढ़िवादी विचारों का विरोध करनेवाली है।

'जैसा जीवन जिया' शीर्षक लेख में सुधा चौहान ने सुभद्रा और लक्ष्मण सिंह के व्यक्तित्व पर प्रकाश डालते हुए लिखा है—

"लक्ष्मण सिंह की माँ ने बड़े कष्ट सहकर अपने पितृहीन बच्चों को पाला था। लक्ष्मण सिंह के मन में पराधीन भारतमाता के लिए असीम प्यार था, जिसके लिए किया गया कोई भी बलिदान उन्हें बड़ा नहीं लगता था। साथ ही मन में अपनी दुखियारी माँ के लिए भी प्यार के साथ-साथ अपार कृतज्ञता थी। माँ के कष्टों को वे भूले नहीं थे और वे चाहते थे कि अब अपनी माँ को खूब सुख से रखें। वकालत वे पढ़ ही चुके थे। उन्होंने सोचा कि यह स्वतंत्र पेशा है तो इसके साथ देश का काम अच्छी तरह से चल सकेगा।"

सुभद्रा के भी भावी जीवन के कुछ सपने अवश्य ही रहे होंगे, लेकिन उस समय देशभक्ति की जो लहर सारे वातावरण में व्याप्त थी, उसमें सुभद्रा पूरी तरह डूबी हुई थीं। देश के काम के आगे सभी बातें नगण्य हो जाती थीं। यदि उनके मन में कुछ थोड़ी-बहुत दुविधा रही होगी तो वह गणेश शंकर विद्यार्थी के एक पत्र से दूर हो गई। विद्यार्थीजी लक्ष्मण सिंह को उनके विद्यार्थी काल से जानते थे और उनमें निहित गुणों तथा उनकी संभावनाओं पर उन्हें बड़ा भरोसा था। विद्यार्थीजी ने सुभद्रा को लिखा, "देवी! तुम्हारे रहते लक्ष्मण ने भारतमाता की पुकार को सुना और देश के काम में लग गए। साहित्यानुराग भी देशसेवा का एक साधन बन गया। दोनों के सौभाग्य से देशसेवा और साहित्यानुराग साथ-साथ निभा सकें, इसका सुयोग भी जुट गया।"

मध्य प्रदेश के कुछ जनसेवक देशप्रेमियों ने मिलकर राष्ट्रीय विचारोंवाला एक साप्ताहिक पत्र निकालने की योजना बनाई। राजनीतिक चेतना के प्रचार-प्रसार का सबसे अच्छा माध्यम अखबार ही है। बहुत सोच-समझकर इसके संपादन का भार देश के प्रति पूर्णतया समर्पित कवि पंडित माखनलाल चतुर्वेदी को सौंपा गया। इस प्रकार 1920 में जबलपुर से 'कश्मीर' का प्रकाशन प्रारंभ हुआ। माखनलालजी उसके प्रधान संपादक थे। लक्ष्मण सिंह ने साहित्य-

संपादक का पदभार सँभाला।

इस प्रकार विवाह के बाद पहली बार सुभद्रा और लक्ष्मण सिंह की गृहस्थी जबलपुर में जमी। यह काम इस दंपती के मन का था। पत्रकारिता द्वारा साहित्य और देशसेवा दोनों एक साथ साध्य थे। यह एक ऐसा संयोग था कि जीवन-निर्वाह का साधन अभिलाषा की पूर्ति बन गया।

निहालपुर के कच्चे-पक्के मकान की छत पर लड़कियाँ खेल-खेल में जो स्त्रियों की सभा करती थीं, उसका परिदृश्य अब बदल गया था। दोपहर को सुभद्रा मुहल्ले में स्त्रियों की सभा करती थीं। घर का काम-काज निपटाकर मध्यवित्त घरों की स्त्रियाँ कोई घूँघट निकाले, कोई चादर ओढ़े, कोई बच्चे को गोद में सँभाले उस सभा में आती थी। वहाँ सुभद्रा उनसे विदेशी वस्तुओं के बहिष्कार की बात कहती थीं, स्त्री-शिक्षा के पक्ष में परदा छोड़ने के लिए कहती थीं और उनमें आत्मविश्वास जगाने का प्रयत्न करती थीं। वे स्त्रियाँ उनकी बातें तत्काल न मान सकीं, लेकिन उनकी बातें उन्हें अच्छी लगती थीं। उन बातों में उन्हें उपदेशक का अहंकार नहीं मिलता था, बल्कि वे बातें एक सहेली की सीख जैसी लगती थीं, क्योंकि सुभद्रा उन्हीं में से एक थीं। कुलवधू का शील और मर्यादा सुभद्रा में थी, फिर भले ही उनका चेहरा घूँघट से न ढका हो, शाम को अपने पति के साथ घूमने भी निकल जाती हों और उनके मित्रों के साथ बराबरी से बातचीत भी कर सकती हों।''

उन दिनों भारतीय समाज में नारी पर बहुत सी बंदिशें थीं। परदा प्रथा का चलन जोरों पर था। नववधुओं को ही नहीं, बल्कि अधेड़ महिलाओं को भी परदे में ही रहना पड़ता। सुभद्रा की ससुराल में भी इस प्रथा की मान्यता थी, लेकिन सुभद्रा अपने विवाह के बाद घूँघट निकाले बिना ही ससुराल को चल पड़ीं। उनके पति लक्ष्मण सिंह को भी अपनी पत्नी की यह विचारधारा समय के अनुकूल लगी। लक्ष्मण सिंह एक शिक्षित और ख्यातिलब्ध वकील थे। वे समाज में स्त्री के अधिकारों का समर्थन करते थे। वे चाहते थे कि पुरुष-प्रधान समाज अपनी मानसिकता बदले और स्त्री को समानता के आधार पर सम्मान दे।

सुभद्रा दुलहन बनी अपनी ससुराल पहुँची भी नहीं थीं कि उनके बिना घूँघट आने की सूचना ससुराल पहुँच चुकी थी। इस सूचना से खंडवा के समाज में आश्चर्यपूर्ण कानाफूसी होने लगी। विडंबना यह थी कि इस साहस या दुस्साहस पर सबसे ज्यादा आश्चर्य स्त्री-समाज को ही हो रहा था, जो अपनी संकीर्ण सोच से निकलना ही नहीं चाहती थीं और जो कोई निकलने का साहस करती भी थी, उसे बुरी तरह कोसा जाता था।

''हाय राम! सुना है, वकील बाबू की पत्नी तो पूरी फिरंगन है। अरे, नई बहू है, फिर भी परदा नहीं करती।'' एक वृद्धा आश्चर्य से बोली।

''ज्यादा पढ़ाई-लिखाई का यही तो गजब होता है।'' दूसरी स्त्री ने हाथ नचाकर कहा, ''किसी तरह की कोई शरम ही नहीं। बड़े-बूढ़ों, नाते-रिश्तेदारों का कोई लिहाज नहीं। जेठ-ससुर के सामने अपना मुँह खोले घूमेगी।''

''अरे, तो वह कौन सी ज्यादा पढ़ी-लिखी है। सिर्फ ९वीं तक ही तो पढ़ी है। यह तो अपने वकील बाबू को बुखार चढ़ा होगा कि उनकी चाँद जैसी पत्नी को हर कोई देखे। लोक-लिहाज का तो कोई डर नहीं।''

''यही बात है। बहू की कोई गलती नहीं। अरी, वह तो प्रयाग की है, जहाँ धर्म और लोक-लाज का बड़ा ध्यान रखा जाता है। ये वकील बाबू ही छैला बना रहे होंगे। अंग्रेजी के चार अक्षर जो पढ़ लिये हैं न! ऐसे बाबू तो अंग्रेजियत का ही पालन करेंगे।''

''बड़े ठाकुर तो ऐसा नहीं होने देंगे। उन्हें स्त्री को मर्यादा में ही रहना अच्छा लगता है। हमें तो लगता है कि यही बात वकील बाबू के घर में कलह का कारण बनेगी।''

''अच्छा ही है। वकील बाबू औरों को तो बड़ी नसीहत देते थे। अब अपने घर में बवाल होगा तो जानेंगे।''

सारे मुहल्ले में यही चर्चा हो रही थी। बात धीरे-धीरे बड़े ठाकुर यानी सुभद्रा के जेठ तक जा पहुँची तो वे विचलित हो उठे। रही-सही कमी पूरी करने के लिए पुरुष-प्रधान समाज के कुछ ठेकेदारों ने बीड़ा उठाया, जो नारी-स्वतंत्रता के पक्ष में नहीं थे।

"ठाकुर साहब! आपका खानदान सारे खंडवा में ही नहीं, बल्कि सारे राज्य में सम्मानित दृष्टि से देखा जाता है।" एक कथित विद्वान् ब्राह्मण ने कहा, "आपके पूर्वजों ने जो परंपराएँ बनाई थीं, वे आपके खानदान में ही नहीं, बल्कि सारे गाँव और क्षेत्र में निभाई जाती हैं। अब यदि आपके ही घर से ये परंपराएँ टूटेंगी तो अच्छी बात नहीं होगी।"

"हाँ ठाकुर साहब! हमारे समाज में लोक-लिहाज का बहुत महत्त्व है।" एक वृद्ध ने कहा, "औरत घर की इज्जत होती है और इज्जत के लिए यही उचित है कि वह परदे में रहे। छोटे ठाकुर तो शायद अपनी पढ़ाई-लिखाई और वकालत के घमंड में खानदानी रिवायतों और ठकुराइश को भूले जा रहे हैं, लेकिन आपके सिर पर यह जिम्मेदारी है और यह तो आपको ही उठानी होगी।"

"आप ठीक कह रहे हैं, पंडितजी! हमें लक्ष्मण से ऐसी आशा नहीं थी कि वह ऐसी लड़की को बहू बनाकर लाएगा, जो स्त्री की मर्यादा नहीं जानती।" बड़े ठाकुर ने कहा, "हम उसे खानदानी परंपरा से खिलवाड़ नहीं करने देंगे।"

"आप अब करेंगे भी क्या, ठाकुर साहब! विवाह तो हो ही गया है।"

"उस लड़की को हमारे खानदान की बहू के रूप में स्थापित सभी मर्यादाओं का पालन करना होगा। यदि वह ऐसा नहीं करती तो···।"

"तो···तो क्या?" विद्वान् पंडित चहकता हुआ बोला, "आप उसे घर से निकाल देंगे! इससे छोटे ठाकुर को क्रोध नहीं आएगा?"

"हम उसे घर में घुसने ही नहीं देंगे।" बड़े ठाकुर ने क्रोध में कहा, "हम इसी हवेली के द्वार पर बैठे हैं। यदि हमारे खानदान की बहू बेपरदा इस गाँव में घुसी तो इस हवेली में नहीं घुसेगी, यह हमारी प्रतिज्ञा है।"

सारे ग्रामीणों में सनसनी फैल गई। मित्रों के हृदय में आशंका घर करने लगी, जबकि दुश्मनों का मनमयूर नाच उठा। कब से दुश्मन उस खानदान को तबाह करने का सपना देख रहे थे। दोनों भाइयों की एकता से अब तक यह संभव नहीं हो सका था, लेकिन आज शायद आनेवाली बहू उस एकता के टुकड़े कर देगी।

ठाकुर खानदान के मित्रों में बेचैनी थी और वे किसी भी प्रकार से उस संभावित खतरे को टालना चाहते थे। उनमें से किसी मित्र ने यह विचार आते ही ठाकुर लक्ष्मण सिंह को यह सूचना देने का मन बनाया। वह वहाँ से चल पड़ा और लक्ष्मण से मिलकर उन्हें स्थिति से अवगत कराया। लक्ष्मण सिंह चिंतित हो गए।

"सुभद्रा!" लक्ष्मण सिंह ने कहा, "घर पर भाई साहब बड़े क्रोध में हैं और उनका क्रोध गंभीर परिणाम देनेवाला होता है।"

"ऐसा क्या हुआ? आप तो कह रहे थे कि जेठजी बहुत उच्च विचारोंवाले व्यक्ति हैं।" सुभद्रा ने आश्चर्य से पूछा।

"हाँ, मैंने ठीक ही कहा था। उनके उच्च विचारों में कुछ पुरातन विचारों का भी हस्तक्षेप है। वे अभी पूरी तरह ठाकुरशाही से मुक्त नहीं हुए। उन्हें स्त्री का घूँघट न निकालना स्त्री की मर्यादा के विरुद्ध लगता है। उन्हें किसी ने भड़का दिया है कि तुम परदा-प्रथा विरोधी हो।"

"वह तो मैं हूँ जी! स्त्री की आँख में लज्जा परदे से नहीं, बल्कि उसकी आँखों से झलकती है। यह दकियानूसी सोच मुझे मान्य नहीं है। दुनिया कितनी बदल गई, लेकिन हमारा पुरुष-प्रधान समाज अपनी सोच को नहीं बदल सका। स्वतंत्रता का स्वप्न देखनेवाले भारतीय पुरुष अपनी स्वतंत्रता के लिए अंग्रेजों से लड़ रहे हैं और बहन, बेटी व पत्नी को अपनी दासता में ही रखना चाहते हैं।"

"मैं तुम्हारी पीड़ा समझता हूँ, सुभद्रा! मैं यह भी विश्वास करता हूँ कि स्त्री के अधिकार की इस लड़ाई को तुम जरूर जीतोगी। परिवर्तन तब होता है, जब कोई पहल करता है। तुमने पहल कर दी है और मैं तुम्हारे साथ हूँ, लेकिन फिलहाल स्थिति को सँभालना आवश्यक है।"

"आज्ञा करें। आपकी आज्ञा का पालन करना मेरा कर्तव्य है।"

"देखो, अन्यथा मत लेना। मैं भाई साहब के क्रोध को देखते हुए ही ऐसी राय दे रहा हूँ। जब उनका क्रोध शांत हो जाएगा तो मेरा विश्वास है कि तुम्हारे गुण उन्हें भी उस पुरातन सोच से बाहर निकाल देंगे। अभी परिस्थिति

को देखते हुए तुम्हें घूँघट में ही गृहप्रवेश करना होगा।''

सुभद्रा अपने पति का आशय समझ गईं। वे जानती थीं कि उच्च शिक्षा प्राप्त उनके पति अन्य पुरुषों की अपेक्षा अधिक परिपक्व सोच रखते हैं। उन्होंने अपने पति के कथन पर विचार किया तो पाया, समय और परिस्थिति को देखते हुए यह समझौता आवश्यक है।

''जैसी आपकी इच्छा!'' सुभद्रा ने कहा, ''अपने सिद्धांतों पर अड़े रहना मैं भी उस समय तक अनुचित ही मानती हूँ, जब तक वे स्वीकार्य न हों और उस स्थिति में किसी गंभीर घटना की आशंका बलवती रहे। यह निर्विवाद सत्य है कि सच्चे आदर्श समय भले ही लेते हों, लेकिन एक दिन सभी को मान्य करने पड़ते हैं।''

''तुम वास्तव में बहुत विदुषी हो, सुभद्रा! मेरा सौभाग्य है कि मुझे पत्नी के रूप में तुम्हारे जैसी गुणवान लड़की मिली।''

सुभद्रा अपनी प्रशंसा सुनकर लाज से सिमट गईं। नवदंपती जब खंडवा पहुँचे तो उन्हें प्राप्त सूचना की सत्यता सामने ही दिखी। जैसे सारा गाँव ही उनकी हवेली के सामने उमड़ आया था। परदे की समर्थक स्त्रियाँ भी उस भीड़ में सम्मिलित थीं। लक्ष्मण सिंह समाज के उस विकृत रूप से भली-भाँति परिचित थे। जब नवदंपती बग्गी से उतरे तो शत्रुओं के सीने पर साँप लोट गया। नववधू घूँघट किए हुए थी। यह देख बड़े ठाकुर का हृदय खिल उठा और उन्हें स्वयं पर ग्लानि सी होने लगी। उन्होंने आग्नेय नेत्रों से उन सलाहकारों और सूचना देनेवालों को देखा। सब सहमकर उनकी नजरों से दूर होने लगे।

आनन-फानन में नववधू का भव्य स्वागत के साथ ऐसा गृहप्रवेश हुआ कि सुभद्रा चकित रह गई। बड़े ठाकुर ने बड़ी धूमधाम से नववधू के नवजीवन में प्रवेश के लिए शानदार प्रीतिभोज दिया। यह सब देखकर सुभद्रा का हृदय अपने जेठ के प्रति श्रद्धा से भर उठा। कुछ दिनों बाद सुभद्रा के गुण जीत ही गए थे। बड़े ठाकुर ने जब सुभद्रा की कविताओं को पढ़ा तो वे अभिभूत हो गए।

''बहू! मैंने कल्पना भी नहीं की थी कि मेरे खानदान में विचारों की देवी का पदार्पण हो रहा है। मैं क्षमाप्रार्थी हूँ कि इन ज्वलंत विचारों को अपनी पुरातन सोच के दायरे में कैद रखने का अपराध कर रहा हूँ। इन्हें तो खुले और विस्तृत आकाश की आवश्यकता है। आज से तुम इस खानदान की पुरातन परंपराओं में संशोधन करने के लिए पूर्ण स्वतंत्र हो। अपनी सशक्त आवाज से जन-जन को जगा दो।''

यह नारी-शक्ति की जीत थी। यह सुभद्रा के गुणों का पुरस्कार था। लक्ष्मण सिंह के विश्वास की जीत थी। सुभद्रा की कलम चल पड़ी और फिर देशप्रेम की भावना से ओत-प्रोत कविताएँ निकलने लगीं। लक्ष्मण सिंह स्वयं स्वतंत्रता आंदोलन से जुड़े हुए थे और उनकी जान-पहचान राजनीतिक आंदोलन से जुड़े बहुत से देशभक्तों से थी। सुभद्रा की कविताओं का प्रभाव आंदोलन के साथ-साथ साधारण जनमानस पर भी पड़ रहा था।

सुभद्रा का मानना था कि स्त्री को केवल घर के चूल्हे-चौके तक ही स्वयं को सीमित नहीं रखना चाहिए, बल्कि उसे आगे बढ़कर देश के उत्थान में अपनी भागीदारी निभानी चाहिए। उनके संबंध में डॉक्टर गरिमा श्रीवास्तव ने 'समय से आगे—सुभद्रा कुमारी चौहान' नामक शीर्षक में लिखा है—

''राष्ट्र-विमर्श और स्त्री-विमर्श की प्रस्तावना करनेवाली सुभद्रा कुमारी की रचनाएँ गहन अंतर्पाठ की अपेक्षा रखती हैं। यह कोई संयोग नहीं है कि उनकी अक्षय ख्याति का स्तंभ 'झाँसी की रानी' की नायिका स्त्री (रानी लक्ष्मीबाई) है। जिस परंपरावादी समाज में अभी स्त्री को शिक्षित न करने का प्रश्न विचाराधीन है, उस समाज का एक निडर एवं साहसी 'मरदानी' लक्ष्मीबाई का स्मरण करने की सामग्री देना मात्र कविताई नहीं है। यह कविता अपने भीतर बहुमुखी सामाजिक यथार्थ को समेटे हुए है। 'झाँसी की रानी' स्त्री की भीतर छिपी हुई शक्ति का आदान है। वर्तमान अपने आपको सबल बनाने बार-बार अतीत की ओर लौटता है। बुंदेले हरबोलों की सुनाई हुई अतीत की कथा है 'झाँसी की रानी'। उसने अपने भीतर पुरुष के उन गुणों को आत्मसात् किया था, जिससे वह अबलापन के कवच से बाहर आ

सके। वह अपनी मातृभूमि की रक्षा के लिए लड़ सके और एक पूर्ण चेतन मनुष्य की तरह, इसीलिए जो खूब लड़ी थी वह और कोई नहीं, बल्कि मरदानी झाँसीवाली रानी थी।

कविता का 'मरदानी' शब्द एक पूरी परंपरा के ध्वस्त होने की सूचना देता है। पीठ पर उत्तराधिकार का बोझ सँभाले देशरक्षा और प्रकारांतर से स्वाभिमान की रक्षा के लिए लड़नेवाली वह नारी अबला नहीं है, जिसे पग-पग पर पुरुष के सहयोग की अपेक्षा है, वह तो स्वयं में परिपूर्ण और स्वाभिमानी संपूर्ण स्त्री 'झाँसी की रानी' है, जिसके मरदानी गुणों ने उसे ताकत, हिम्मत और आत्मविश्वास दिया है।

स्त्री के प्रति उनका सरोकार स्वानुभूति से प्रेरित था, साथ ही समाज के गहन अंतर्दर्शन का परिणाम भी। सुभद्रा कुमारी को जो परंपरा विरासत में मिली थी, उसमें स्त्री-शिक्षा के प्रति अनुदार रवैया थी। तत्कालीन हिंदू समाज रूढ़ियों की जकड़बंदी से घिरा हुआ था। जिसके बारे में राजा राममोहन राय ने लिखा था, "मुझे दुःख के साथ कहना पड़ता है कि आज हिंदू जिस प्रकार के धर्म का अनुसरण कर रहे हैं, वह उनके राजनीतिक हित की सिद्धि में सहायक होने लायक नहीं है। जाति-भेद तथा असंख्य विभाजनों व उप-विभाजनों ने उन्हें देशभक्ति की भावना से वंचित कर दिया है और धार्मिक संस्कारों एवं कर्मकांडों की बहुलता तथा शुद्धता के नियमों ने उन्हें किन्हीं कठिन कार्यों को हाथ में लेने के सर्वथा अयोग्य बना दिया है।"

इसी क्रम में डॉक्टर गरिमा श्रीवास्तव ने लिखा है—

"तत्कालीन समाज में स्त्री-शिक्षा की दशा और दिशा राष्ट्रीय जागरण की चेतना के अनुकूल न थी। नवजागरण ने समानता और राष्ट्रीयता की बातों के साथ स्त्री-शिक्षा को भी महत्त्वपूर्ण माना। स्त्रियों को सुशिक्षित करना समाज की उन्नति के लिए आवश्यक है। यह बुद्धिजीवियों की चिंता का विषय था, लेकिन इस शिक्षा का स्वरूप कैसा होना चाहिए, इसकी कोई ठोस कल्पना उनके दिमाग में न थी। लॉर्ड मैकाले तो केवल समाज के ऊपरी स्तर को ही शिक्षित करने के पक्ष में था, ताकि वह रिस-रिसकर समाज की

निचली तहों तक पहुँच जाए। दूसरी ओर भारतीय बुद्धिजीवी वर्ग अपने घरों की स्त्रियों को अंग्रेजी रंग-ढंग की शिक्षा देना चाहता था, ताकि वे पतियों के बौद्धिक-स्तर के अनुरूप घर की व्यवस्था एवं बच्चों का लालन-पालन कर सकें।''

वे स्त्री-शिक्षा के लिए ऐसी पाठ्य-पुस्तकों की व्यवस्था करना चाहते थे, जो उन्हें नैतिक-मूल्यों की शिक्षा के अतिरिक्त और कोई संदेश न दे। मिरात-उल-उरुस, देवरानी-जेठानी की कहानी, भाग्यवती और बालाप्रबोध जैसी पुस्तकें स्त्रियों को शिक्षा देने के उद्देश्य से लिखी गई थीं, जो तत्कालीन भारतीय बुद्धिजीवियों के बौद्धिक स्तर, विशेषकर स्त्री-शिक्षा के बारे में उनके विचारों को रेखांकित करती हैं। स्वयं भारतेंदु की पत्रिका 'बालबोधिनी' (स्त्रियों के लिए विशेष रूप से प्रकाशित) में स्त्रियों की समस्याओं को समझने का प्रयत्न दिखाई नहीं देता। नए ज्ञान-विज्ञान की रोशनी में स्त्रियाँ कैसे बेहतर ढंग से सोचें, इस बात पर भारतेंदु ने बल दिया।''

इसी बात को आगे बढ़ाते हुए डॉक्टर गरिमा श्रीवास्तव ने अपने विचार व्यक्त करते हुए लिखा है—

''सुभद्रा कुमारी चौहान ने स्कूली पढ़ाई की थी। उनकी पुत्री सुधा चौहान के शब्दों में, 'सामाजिक मान्यताएँ ऐसी थीं कि पति स्त्री का सहचर या मित्र न होकर उसका अधिपति या मालिक होता था, जिससे वह बोल भी नहीं सकती, लेकिन सुभद्राजी के बड़े भाई रज्जू भैया स्त्रियों की शिक्षा के पक्ष में थे। वे बहनों को हर अच्छे काम में उत्साहित करने में सदा तत्पर रहते थे। बहनों को शिक्षित बनाना है, उनमें कविता के रुझान हैं, इस गुण के विकास का अवसर देना है, यह सब रज्जू भैया ने समझा था। उनकी प्रेरणा एवं प्रोत्साहन से ही 'सुभद्रा कुँवरि' के नाम से सुभद्राजी ने रचनाएँ लिखनी आरंभ कीं।''

शिक्षा ने सुभद्रा कुमारी चौहान को सामाजिक रूढ़ियों में बद्ध स्त्री की घुटन की छटपटाहट को अभिव्यक्त करने की क्षमता प्रदान की। 'भग्नावशेष', 'मँझली रानी', 'दृष्टिकोण', 'कदंब के फूल', 'आहुति', 'असमंजस', 'ईर्ष्या'

और 'वैश्या की लड़की' आदि कहानियों में जिस सामाजिक यथार्थ का अंकन है, वह लेखिका की गहन अंतर्दृष्टि का प्रमाण है। ऊपर से सरल व सहज दिखनेवाली ये कहानियाँ पुरुष एवं स्त्री के मनोवैज्ञानिक अंतराल को उद्घाटित करती हैं।

'मँझली रानी' कहानी में वे लिखती हैं, "आह! यह क्या कह डाला मैंने। मित्र भला किसी स्त्री का कोई भी मित्र पुरुष हो सकता है! यदि हो भी गया तो क्या समाज इसे बरदाश्त करेगा। यह उद्धरण समाज की प्रथानुगामी एवं जड़ मानसिकता पर व्यंग्य करता है। स्त्री-पुरुष में उपभोग्या-उपभोग्य संबंध के अतिरिक्त किसी और संबंध की कल्पना समाज को सहन नहीं हो सकती। स्त्री का अर्थ ही है—उपभोग्या। वह किसी पुरुष की दासी या पत्नी अथवा रखैल तो हो सकती है, लेकिन मित्र नहीं, क्योंकि मित्रता तो समान स्तर के व्यक्तियों में ही संभव है। जो समाज स्त्रियों को मनुष्य का दरजा नहीं देता, वह स्त्री-पुरुष की समानता कैसे सहन कर सकता है। स्त्री का धर्म है कि पुरुष की सारी कलुषता को सहन करके त्याग की प्रतिमूर्ति बने रहे।"

सुभद्रा कुमारी और लक्ष्मण सिंह चूँकि आंदोलनकारी गतिविधियों में अधिक व्यस्त रहने लगे थे, इसीलिए उन्हें अपनी पढ़ाई बीच में ही छोड़नी पड़ी। 1920-21 में गांधीजी ने छात्रों को स्कूल-कॉलेज छोड़कर देश में काम करने का आह्वान किया था। अत: ये दोनों भी गांधीजी के बताए मार्ग पर चल पड़े। इसी अवधि में सुभद्रा ने दो ऐसी कविताएँ लिखीं, जिन्होंने उन्हें जन-जन की प्रिय कवयित्री बना दिया। ये ओज से भरी कविताएँ 'राख की लाज' और 'जलियाँवाला बाग में बसंत' नामक शीर्षक से छपी थीं, जिनमें राष्ट्र की युवाशक्ति का आह्वान किया गया था। लक्ष्मण सिंह ने अपनी पत्नी की इन कविताओं को जन-जन तक पहुँचाने का कार्य किया। क्रांतिकारी दलों में ये कविताएँ और कवयित्री ओज एवं प्रेरणा का स्रोत बन गईं। यद्यपि लक्ष्मण सिंह पहले से ही राष्ट्रीय आंदोलन में सक्रिय थे, लेकिन अब तो जैसे वे अपने क्षेत्र के आंदोलन की धुरी बन गए थे।

इन्हीं दिनों महान् स्वतंत्रता सेनानी और कलम के पुरोधा कहे जानेवाले

गणेश शंकर विद्यार्थी, जो कि 'प्रताप' समाचार-पत्र के संपादक थे और ब्रिटिश सरकार की आँखों का शूल थे, ने चौहान दंपती की प्रशंसा सुनी। वे जबलपुर से 'कर्मवीर' नामक पत्र प्रकाशित कर रहे थे और उसके लिए योग्य एवं सच्चे-निडर संपादक की तलाश में थे। लक्ष्मण सिंह की योग्यता का जब उन्हें पता चला तो उन्होंने सुभद्रा को एक पत्र लिखकर लक्ष्मण सिंह को पूर्ण रूप से देशसेवा में समर्पित होने का प्रस्ताव भेजा।

मातृभूमि की सेवा करने के लिए सुभद्रा कुमारी और लक्ष्मण सिंह तो सदैव ही तत्पर रहते थे। दोनों ने विद्यार्थीजी के प्रस्ताव पर विचार-विमर्श किया और उनके प्रस्ताव को स्वीकार कर लिया। लक्ष्मण सिंह को 'कर्मवीर' के साहित्य-संपादक पद पर नियुक्ति मिल गई। समाचार-संपादक के रूप में सुप्रसिद्ध कवि माखनलाल चतुर्वेदी भी पत्र के साथ जुड़ गए थे। साहित्य-जगत् में उनका नाम था। सुभद्रा की काव्य-प्रतिभा से वे बहुत प्रभावित थे। चतुर्वेदीजी ने सुभद्रा को अपनी मुँहबोली बहन बना लिया था और इस तरह दो कवि एक पवित्र रिश्ते में बँध गए थे।

□

स्वतंत्रता की उपासक

"वस्तुतः सुभद्रा कुमारी चौहान की राष्ट्रीय भावना जीवन के कर्म की अभिव्यक्ति है। स्वाधीनता आंदोलन की सक्रिय कार्यकर्ता सुभद्राजी की कविताएँ और गद्य रचनाएँ इतिहास से प्रेरणा की खोज की रचनाएँ तो हैं ही, साथ ही इतिहास के निर्माण की रचनाएँ भी हैं। इतिहास की प्रेरणा खोज के लिए वे वहाँ जारी हैं, जहाँ पराधीनता के विरुद्ध स्वाधीनता के लिए अनवरत संघर्ष की पुकार है, जहाँ स्वाधीन चेतना राष्ट्रीयता का व्यापक संदर्भ ही जन-मन का संदर्भ है और सुभद्राजी इसकी ऐसी निमित्त हैं, जो अतुलनीय और अनुपम है।"

—वीरेंद्र मोहन

सुभद्रा कुमारी चौहान स्वतंत्रता विषयक काव्य के द्वारा जनमानस में अपनी गहरी पैठ बनाती जा रही थीं। अपने पति को पूर्ण रूप से देशहित के कार्यों में संलग्न कर उन्होंने एक अभूतपूर्व उदाहरण प्रस्तुत किया था, जिससे वे क्रांतिकारी दलों में आदर्श बनकर उनकी प्रेरणास्रोत भी बन गईं। उनकी कविताओं में जो ओज और पुकार थी, वह युवाशक्ति को झकझोर देती थी। 'राखी की लाज' में उन्होंने देश की सभी बहनों का स्वर बुलंद करते हुए भाइयों का आह्वान कर जो ओजपूर्ण और मार्मिक काव्य-रचना की, उसकी पृष्ठभूमि में चीरहरण के समय द्रौपदी का श्रीकृष्ण को सहायता के

लिए पुकारे जाने जैसा भाव था। इससे देश भर में एक विचित्र सा उन्माद फैल गया था।

यहाँ यह भी कहना प्रासंगिक होगा कि सुभद्रा कुमारी चौहान ने अपनी ससुराल के रूढ़िवादी विचारों में संशोधन ही नहीं किया, बल्कि उनमें लगभग परिवर्तन ही कर डाला। बड़े ठाकुर, जो अभी पुरातन सोच से बाहर नहीं निकले थे, उन्हें सुभद्रा जैसी बहू ने आधुनिक और नवजागरण के लिए प्रेरित कर दिया था। वे खंडवा और आसपास के क्षेत्रों में सामाजिक सुधारों के लिए भी प्रयासरत थे, लेकिन अब वे स्त्री-शिक्षा, बालविवाह और विधवा-विवाह जैसे सुधारों पर समाज में ओजस्वी भाषण देने जाते थे। उन्होंने ही अपने छोटे भाई लक्ष्मण सिंह से यह इच्छा जाहिर की थी कि बहू को उच्च शिक्षा दिलाई जानी चाहिए, जिससे उसके काव्य का और भी विकास हो सके।

इस तरह सुभद्रा कुमारी चौहान को उच्च शिक्षा के लिए क्रास्टवेद गर्ल्स कॉलेज में प्रवेश मिल गया, जहाँ से उन्होंने उच्च शिक्षा प्राप्त की। स्वयं लक्ष्मण सिंह ने भी एम.ए. की मास्टर डिग्री प्राप्त की। स्त्री-शिक्षा के प्रति जागरूकता लाने का यह प्रयास सराहनीय था। जिस खंडवा में स्त्री के अधिकारों का शोषण हो रहा था, वहाँ अब परिवर्तन की सुगबुगाहट साफ महसूस की जा सकती थी। यह जनजागरण लगभग सारे देश में दिखाई दे रहा था, जिसके पीछे काव्य-क्रांति की प्रेरणा थी। देश जाग रहा था, गांधीजी का असहयोग आंदोलन अहिंसक मार्ग पर चलकर ब्रिटिश शासन को अस्वीकार कर रहा था। पंजाब, बंगाल और संयुक्त प्रांत क्रांतिकारियों के गढ़ बनते जा रहे थे। यद्यपि भारतीय राष्ट्रीय कांग्रेस इस क्रांति आंदोलन के विरोध में थी। ठीक इसी प्रकार क्रांतिकारी भी कांग्रेस के अहिंसक मार्ग को याचना-मार्ग कहकर उनसे अलग थे। राष्ट्रीय आंदोलन में काव्य-क्रांति ऐसी धारा थी, जो नरम और गरम दोनों दलों को मान्य थी।

सुभद्रा कुमारी चौहान के काव्य में युवाशक्ति के आह्वान का भाव था, तो साथ ही राजनीतिक आंदोलन के लिए समर्थन भी था। उनके ओजस्वी

लेखन ने राष्ट्रीय क्रांति को एक नई दिशा दी। प्रसिद्ध साहित्यकार गजानन माधव मुक्तिबोध ने सुभद्रा कुमारी चौहान के राष्ट्रीय काव्य की प्रशंसा में लिखा है—

"कुछ विशेष अर्थों में सुभद्राजी का राष्ट्रीय कार्य हिंदी में बेजोड़ है, क्योंकि उन्होंने उस राष्ट्र-आदर्श को जीवन में समाया हुआ देखा है, उसकी प्रवृत्ति अपने अंत:करण में पाई है। अत: वे अपने समस्त जीवन-संबंधों को उसी प्रवृत्ति की प्रधानता पर आश्रित कर देती हैं और उन जीवन-संबंधों को उस प्रवृत्ति के प्रकाश से चमका देती हैं। यही उनके राष्ट्रीय काव्य की सबसे अच्छी बड़ाई, ऊँचाई और सफलता है। उनका राष्ट्रीय काव्य मात्र प्रलयवादी वृथा की भावुकता पर आश्रित नहीं है। वह जीवन के प्रधान कर्तव्य की अभिव्यक्ति के रूप में हमारे सामने आता है और वह अभिव्यक्ति भावुकता से भरी हुई है।"

सुभद्रा कुमारी चौहान की राष्ट्रीय चेतना से ओत-प्रोत काव्य-रचनाओं ने देश के हिंदी साहित्य को गति प्रदान की है। इस परिप्रेक्ष्य में 'वर्तमान साहित्य' में संकलित वीरेंद्र मोहन के विचार इस प्रकार हैं—

"सुभद्रा कुमारी चौहान की रचनाएँ व्यापक अर्थों में राष्ट्रीय चेतना की रचनाएँ हैं। दांपत्य-प्रेम और मातृत्व से संबंधित उनकी कविताएँ प्रकृति और भक्ति-अध्यात्म से संबंधित राष्ट्रीयता के दायरे में समाहित हैं। ये कविताएँ अपनी संप्रेषणीयता में वीर पूजा और स्वतंत्रता के लिए बलिदान के भाव का संकल्प पैदा करती हैं और एक बेहतर भारत का स्वप्न देखती हैं। सुभद्राजी देश के स्वाधीनता सेनानी के रूप में जेल भी गईं। स्वाधीनता के संघर्ष में भाग लेने के कारण उनकी संकल्प-शक्ति निरंतर प्रबल होती गई और स्वयं तथा परिवार के कष्टों को इस बड़े उद्देश्य के सामने कुछ भी नहीं गिना। वस्तुत: देश भर में फैल रहे अत्याचारों और अंग्रेजों की जनविरोधी नीतियों, नागरिक स्वतंत्रताओं के दमन तथा गरीब जनता की योजनाओं को देखकर उनकी राष्ट्रीय चेतना और प्रबल होती गई। उन्होंने स्वराज्य की प्राप्ति के लिए निरंतर संघर्ष करते हुए एक राजनीतिक कार्यकर्ता का जीवन

स्वीकार किया। उनका रचनाकार रूप उसी की अभिव्यक्ति है।''

सुभद्रा कुमारी चौहान की कविता में सामान्य जीवन के प्रसंगों को भी स्वाधीनता की चाह से संपृक्त किया गया है। राखी के त्योहार में भी स्वाधीनता का भाव समाहित है। वे भाई से राखी की चुनौती स्वीकार करने को कहती हैं। वे विजयादशमी के त्योहार को देश की स्वाधीनता से जोड़कर देखती हैं और यहाँ तक कहती हैं कि यदि सबल पुरुष की काया भीरू हो जाए तो देश की अबलाएँ उठ खड़ी हों और घमासान युद्ध करें। वे देश को पराधीनता से मुक्त करने के लिए दृढसंकल्प हैं।

सुभद्राजी रचना और भाषा को भी उसी स्वाधीनता की अभिव्यक्ति का माध्यम मानती हैं। वे हिंदी को स्वातंत्र्य विचारों की अभिव्यक्ति के लिए समर्थ पाती हैं, इसीलिए पूरा देश ही उनके लिए माँ का मंदिर है और वे मातृभूमि के लिए मरने को तैयार हैं। वे अत्याचारों की विरोधी भी हैं।

सुभद्राजी की राष्ट्रीय कविताओं में राजनीतिक और सांस्कृतिक चेतना दोनों ही तरह की कविताएँ हैं। वे न केवल राजनीतिक चेतना को जगाने का कार्य करती हैं, अपितु भारतीयों को सांस्कृतिक चेतना का पाठ भी पढ़ाती हैं। वे मानती हैं कि घर-परिवार राष्ट्र की अविभाज्य इकाई है और संस्कारों का निर्माण घर-परिवार के परिवेश में होता है। यही संस्कार राष्ट्रीयता का भाव विकसित करते हैं। 'झाँसी की रानी', 'वीरों का कैसा हो बसंत', 'मातृमंदिर में', 'विजयादशमी', 'पुरस्कार कैसा', 'झाँसी की रानी की समाधि पर', 'राखी की चुनौती', 'जलियाँवाला बाग में बसंत' और 'सेनानी का स्वागत' जैसी राष्ट्रीय कविताएँ विविध रूपों में स्वाधीनता का अलख जगाती हैं। इस स्वाधीनता के बीज मंत्र को वे सांस्कृतिक प्रकार्यों तक ले जाती हैं। वे साहित्य की सोद्देश्यता को स्वीकार करती हैं और उनका उद्देश्य स्पष्ट है। वस्तुतः सुभद्राजी युगीन भावनाओं की अभिव्यक्ति को ही रचना की सार्थकता मानती हैं। व्यक्ति-पूजा की अपेक्षा देश की चिंताएँ उनके लिए अधिक महत्त्वपूर्ण हैं।

सुभद्रा कुमारी चौहान की कविता विशाल भारत की जातीय एकता की

कविता है। इस कविता की राष्ट्रीय भावनाएँ राष्ट्र को एक परिवार के रूप में देखती हैं। वस्तुत: यहाँ स्वाधीनता का भाव यदि अंग्रेजी सत्ता से मुक्ति के लिए है, तो अनेक सामाजिक बेड़ियों से मुक्ति भी इसी स्वाधीनता का एक व्यापक परिप्रेक्ष्य है। विशेष रूप से वर्ण आधारित समाज में अनेक एकता और बराबरी अभी नहीं है। यहाँ विभेदों का अंबार है। सुभद्राजी इन विभेदों और इन बंधनों को तोड़कर समतामूलक समाज का स्वप्न देखती हैं।''

जब लक्ष्मण सिंह ने जबलपुर में 'कर्मवीर' पत्र के साहित्य-संपादक की जिम्मेदारी सँभाली तो सुभद्रा को भी जबलपुर जाना पड़ा। वहाँ वे लेखन कार्य के साथ-साथ सामाजिक कार्यों में भी व्यस्त रहने लगी थीं। उन्होंने राष्ट्रीय आंदोलन में भाग ले रहे देशभक्तों को एकजुट होने का आह्वान किया। उनका तर्क था कि भारत को स्वतंत्रता 1857 में ही मिल जाती, यदि यह धर्मयुद्ध संगठित और सुनियोजित रूप से लड़ा जाता। उन्होंने समाज में फैली कुप्रथाओं जैसे छुआछूत, परदा-प्रथा, अंधविश्वास आदि पर लोगों को जाग्रत् किया और राष्ट्रीय चेतना जगाने के लिए लोगों को संगठित करना शुरू कर दिया। इसके लिए वे बिलासपुर के आस-पास के गाँव में जातीं और अपनी बात को सभाओं में रखतीं।

इसी बीच एक समस्या उत्पन्न हो गई। ब्रिटिश सरकार ने, जो कि आरंभ से ही काव्य-क्रांति से भयभीत थी और किसी भी भारतीय अखबार के प्रकाशन के पक्ष में नहीं थी, ऐसे लेखकों व लेखों पर प्रतिबंध लगाने शुरू कर दिए। इससे पहले भी ब्रिटिश सरकार ऐसा कर चुकी थी। सन् 1878 में लॉर्ड लिटन ने वर्नाक्यूलर प्रेस ऐक्ट लगाकर राष्ट्रवादी समाचार-पत्रों को प्रतिबंधित कर दिया था, जो 1882 में लॉर्ड रिपन द्वारा हटाया गया। बाद में भी सरकार ने भारतीय समाचार-पत्रों पर अंकुश लगाने के पूरे प्रयास किए। विशेषकर सरकार ओजपूर्ण साहित्य से अधिक भयभीत होती थी। चूँकि जबलपुर से प्रकाशित 'कर्मवीर' गणेश शंकर विद्यार्थी से जुड़ा था तो यह पत्र भी साहित्यिक लेखों और कविताओं से जनमानस में चेतना पैदा कर रहा था। मूर्धन्य कवि माखनलाल चतुर्वेदी और जोशीले लक्ष्मण सिंह

ने 'कर्मवीर' पत्र को सरकार विरोधी टिप्पणी का केंद्र बना दिया था और इसकी लोकप्रियता दिन-प्रतिदिन बढ़ती जा रही थी। जबकि सुभद्रा की ओजस्वी कविताएँ अपना कार्य कर रही थीं।

उस समय गांधीजी का आंदोलन जोरों पर था। देश का लगभग प्रत्येक व्यक्ति गांधीजी के विचारों से प्रभावित था। सुभद्रा भी उन्हीं में से एक थीं। इस संबंध में 'वर्तमान साहित्य' में वीरेंद्र मोहन ने अपनी बात कुछ इस प्रकार प्रकट की है—

"राजनीति और समाज संबंधी गांधीजी के विचार सुभद्रा कुमारी चौहान की चेतना को अधिक प्रभावित करते हैं। वस्तुतः गांधीजी के आह्वान पर भी सुभद्राजी और उनके पति लक्ष्मण सिंह ने पढ़ाई छोड़कर स्वाधीनता आंदोलन को अपना जीवन-धर्म स्वीकार किया। इसी रास्ते सुभद्राजी कांग्रेस के निकट आईं। ...1920 के आस-पास भारतीय समाज में अपूर्व हलचल थी। सभी ओर त्याग एवं बलिदान का वातावरण दिखाई देता था। रूस में लेनिन के नेतृत्व में क्रांति की जीत हुई थी और राजशाही का अंत हो गया था। गांधीजी के अहिंसात्मक आंदोलन में देश का एक बड़ा भाग अपनी शिक्षा, नौकरी और व्यवसाय छोड़कर लामबंद हो रहा था।"

सुभद्राजी अपने पति लक्ष्मण सिंह के साथ साहित्य एवं राजनीति में प्रवेश करती हैं। ये युगीन स्थितियों के प्रभाव से अपने आपको असंपृक्त नहीं रख सकती थीं। वे सत्याग्रहियों के आत्मविश्वास को गांधीवादी नीतियों से संपृक्त करती हैं और कांग्रेस को माँ का संबोधन देती हैं। नागपुर के कांग्रेस अधिवेशन के स्वागत-गीत में इसकी स्पष्ट स्वीकृति है। उनकी कविता का बड़ा भाग स्वराज्य, असहयोग और गांधीजी के विचारों से प्रेरित है। 'लोहे को पानी कर देना' कविता गांधीजी के व्यक्तित्व का ही प्रकाशन है। लोहा अर्थात् हिंसक शक्तियाँ, 'जिन्होंने गिरजे से गिरजा लड़ा दिया' एक ओर तो दूसरी ओर गांधीजी का अहिंसा और असहयोग इन दो धुरियों को लक्ष्य कर, अंग्रेजी सत्ता और स्वतंत्रता सेनानी को लक्ष्य कर सुभद्राजी कहती हैं—

उस ओर साधना है ऐसी इस ओर अशिक्षित और अजान,
फावड़ा और कुदालवाले मजदूर और भोले किसान।
आशा करते थे एक रोज वह अवतारी जरूर आवेगा,
आसुरी कृत्य करके समाप्त फिर नई दुनिया बसावेगा।
पर किसे ज्ञात था जग में वह अवतरित हो चुका ज्ञानी,
जिसके तप-बल से फुँकें सभी दुनिया के ज्ञानी-विज्ञानी।

स्वाधीनता आंदोलन में गांधीजी के नेतृत्व में भारतीय जन की भागीदारी उनके सर्वस्वीकृति व्यक्तित्व का प्रमाण है, लेकिन सुभद्राजी की राष्ट्रीय चेतना को केवल गांधीवादी सिद्धांतों और कांग्रेस की नीतियों तक सीमित करना भयंकर भूल होगी। इसे केवल सुभद्राजी की राष्ट्रीय चेतना का एक पक्ष ही कहा जा सकता है, जो सत्याग्रह और समर्पण के रूप में परिलक्षित होता है। वस्तुत: सुभद्राजी की राष्ट्रीय चेतना का एक पक्ष उनका संघर्षमय लड़ाकू व्यक्तित्व है, जहाँ वे भारत के अतीत से प्रेरणा लेकर तथा उसकी उपलब्धियों के परिप्रेक्ष्य में जनजागरण का कार्य करती हैं, वहीं वे राष्ट्र-गौरव और आत्मसम्मान की भावना को विकसित करने का कार्य करती हैं। फलत: वे भारतीय जनमानस में हीन-भावना विकसित नहीं होने देतीं। इस प्रकार स्वाधीनता के संघर्ष को वे जातीय गर्व व आत्मविश्वास में परिणत कर देती हैं। राष्ट्रीय भावना की इसी भूमिका के कारण वे राजस्थान के राजपूतों को याद करती हैं।''

ब्रिटिश सरकार काव्य-आंदोलन के बढ़ते प्रभाव से भयभीत थी और इसीलिए उसने काररवाई भी शुरू कर दी थी, जिसके अंतर्गत माखनलाल चतुर्वेदी और लक्ष्मण सिंह को गिरफ्तार कर लिया गया। इससे सुभद्रा कुमारी चिंतित नहीं हुईं और अब वे अधिक जोश के साथ जनजागरण के कार्यों में जुट गईं। देश भर में ऐसी कई गिरफ्तारियाँ हुईं। यहाँ तक कि 13 मार्च, 1922 को महात्मा गांधी को भी गिरफ्तार कर उन्हें छह वर्ष की सजा सुना दी गई। इन घटनाओं से पूरे देश में आक्रोश व्याप्त हो गया था और इसी कारण जगह-जगह हिंसक प्रदर्शन भी होने लगे थे। इससे सरकार की परेशानियाँ बढ़ती जा रही थीं।

सुभद्रा कुमारी ने इस अन्यायी व्यवस्था के विरुद्ध जमकर प्रचार किया। वे जबलपुर में दिन-रात सभाओं को संबोधित करतीं और लोगों को राष्ट्रीय आंदोलन से जुड़ने को प्रेरित करतीं। यहाँ यह भी बता देना आवश्यक है कि ओज और आह्वान की यह कवयित्री महात्मा गांधी के सिद्धांतों से बहुत प्रभावित और उनकी पक्की समर्थक थीं। वे गांधीजी को देश का सच्चा भविष्य मानती थीं और उनके अहिंसा के हथियार को भी बहुत कारगर मानती थीं। उनका मानना था कि गांधीजी का आंदोलन सत्य और न्याय के मार्ग पर चलकर राष्ट्रीय एकता का ब्रिटिश सरकार के पास कोई जवाब नहीं है। सत्य भी यही था कि जब तैंतीस करोड़ स्वर एक हो जाते और उनका पथ एक हो जाता तो फिर अत्याचारी ब्रिटिश सरकार को घुटने टोक देने ही थे।

सुभद्रा कुमारी ने देशभक्ति से ओत-प्रोत काव्य की रचना की और देशवासियों में राष्ट्रीय चेतना को जाग्रत् करने का जो प्रयास किया, वह अत्यंत सराहनीय कार्य है। प्रसिद्ध साहित्यकार गजानन माधव मुक्तिबोध ने अप्रैल 1948 के 'हंस' के अंक में अपने विचार प्रकट करते हुए लिखा—

"राष्ट्रीय संग्राम में सक्रिय भाग लेनेवाली कवयित्री का राष्ट्रीय काव्य-जीवन के प्रसंगों की भूमिका को लेते हुए मानवीय हो गया है। वह हिंदी की वीर काव्य-परंपरा, जिसमें उत्साह, भय और ध्वंस का वर्णन रहता है, का अनुमान नहीं करता। राष्ट्रीय काव्य का सबसे बड़ा गुण है—उनकी जनसाधारण मानवीयता। यही गुण उनके ध्वंस-स्वप्नों के इच्छित विश्वासों पर चलता है और सुभद्राजी के राष्ट्रीय काव्य को विशेषता प्रदान करता है।"

उनके राष्ट्रीय काव्य में मानवीयता की सरल ऋजु स्वाभाविकता कहाँ से उत्पन्न हुई? कहा जा सकता है कि उसका आधार राष्ट्रीय संग्राम के व्यक्तिगत अनुभव हैं। यह निस्संदेह है कि जिन हिंदी कवियों ने राष्ट्रीय संग्राम में भाग लिया, उनका काव्य बहुत प्रौढ़ हुआ है और उसमें बहुत गहरे भावों की अभिव्यक्ति हुई है। फिर भी सुभद्राज़ी का राष्ट्रीय काव्य उनसे भिन्न हो जाता है, अपने सारल्य और सीधी अभिव्यक्ति तथा पौरुष प्रधान ओज के कारण ही नहीं, बल्कि उस गुण के कारण, जिसे मैंने जनसाधारण

की मानवीयता कहा है।

व्यक्तिगत भावों को निर्वैयक्तिकता कई प्रकार से प्रदान की जाती है। भावों को बहुत गहरे रंगों में उभारकर रखने से भी उसकी व्यक्तिमूलक सीमाएँ टूट जाती हैं और वह अन्य व्यक्ति द्वारा संवेद्य हो जाता है। सुभद्राजी ने ऐसा नहीं किया। उनके काव्य की सर्वगम्यता और सहज-संवेद्यता सीधी अभिव्यक्ति के कारण ही नहीं, बल्कि जीवन के प्रसंगों की भूमिका से किसी एक भावक्षण को उपस्थित करने के कारण, जीवन के वास्तविक धरातल पर भावों को प्रकट करने के कारण उनमें वह गुण उत्पन्न हुआ, जिसे हम मानवीयता कहते हैं।''

सुभद्रा कुमारी काव्य-रचनाओं के साथ-साथ जनचेतना का भी कार्य कर रही थीं। उन्होंने जबलपुर क्षेत्र में जनचेतना के कार्यों में इतनी सफलता प्राप्त कर ली थी कि लगभग पाँच हजार स्वयंसेवकों को एक ही मंच पर लाकर देशप्रेम के धागे में पिरो दिया था। इतना ही नहीं, उन्होंने सत्याग्रह आंदोलन में सहयोग देने के लिए अपने प्रयासों से पाँच हजार रुपए का चंदा भी एकत्र कर लिया था। उनकी ओजस्वी वाणी और कवित्त का प्रभाव ऐसा था कि उन्हें सुनने के लिए गाँवों में भीड़ एकत्र हो जाती थी। उनकी कार्यशैली और देश के प्रति समर्पण ने उन्हें बहुत लोकप्रिय बना दिया था। वे कवयित्री से नेता भी बन गई थीं। राष्ट्रीय आंदोलन में उनकी भूमिका बढ़ गई थी। जब सरकार ने उनके बढ़ते क्रियाकलापों और उच्चतम प्रभाव को देखा तो उन पर अंकुश लगाना शुरू कर दिया। अंततः उन्हें गिरफ्तार करके जेल भेज दिया। इस संबंध में सुधा चौहान ने 'जैसा जीवन जिया' में लिखा है—

''जबलपुर म्यूनिसिपैलिटी में 1923 में कांग्रेस का बहुमत हो गया था। किसी भी सार्वजनिक स्थान पर राष्ट्रीय तिरंगा झंडा लगाए जाने पर सरकारी प्रतिबंध था, लेकिन म्यूनिसिपैलिटी का कांग्रेसी बहुमत उसके भवन पर तिरंगा फहराना चाहता था। इसके लिए प्रसंग भी उपस्थित हो गया। देश सविनय अवज्ञा आंदोलन के लिए कितना तैयार है, इसका पता लगाने के लिए कांग्रेस कार्यकारिणी ने एक समिति बनाई, जिसके अध्यक्ष हकीम अजमल

खाँ थे। हकीम साहब अपने निश्छल-तेजस्वी भाव, निडर सत्यवादिता और अटल देशभक्ति के कारण हिंदू-मुसलिम एकता के प्रतीक बन गए थे। म्यूनिसिपैलिटी कमेटी ने तय किया और हकीम अजमल खाँ के हाथों सभाभवन पर राष्ट्रीय झंडा फहराया गया, लेकिन सरकार अपनी अवज्ञा कैसे बरदाश्त करती। फौरन ही वहाँ से झंडा उतारा और किसी सरकारी कर्मचारी ने अपने उत्साहातिरेक में उसे पैरों से कुचला।''

राष्ट्रीय झंडे का अपमान देश का अपमान था और इसका प्रतिकार तत्काल होना चाहिए था। पंडित सुंदरलाल, जो कि इस आंदोलन के नेता थे, उन्होंने लक्ष्मण सिंह से कहा कि तुम फौरन सुभद्रा को बुला लाओ। सुभद्रा तुरंत घटनास्थल पर पहुँच गईं। पंडित सुंदरलाल ने दस आदमियों की एक सत्याग्रह समिति बनाई, जो तिरंगा लेकर छावनी की तरफ बढ़ी। सुभद्रा भी इन दस व्यक्तियों में से एक थीं। छावनी में घुसने से पहले ही पुलिस ने इन्हें गिरफ्तार कर लिया। सारे सत्याग्रही रात भर पुलिस की हिरासत में रहने के बाद छोड़ दिए गए। केवल सुंदरलाल पर मुकदमा चला और उन्हें छह महीने की सजा सुनाई गई। 18 वर्ष की सुभद्रा सत्याग्रही होकर पुलिस की हिरासत में रह आईं। सत्य के लिए, अपने आदर्श के लिए कितना भी बड़े त्याग का खतरा उठा सकने की उनमें हिम्मत थी।''

सत्याग्रह आंदोलन में जबलुपर से गिरफ्तार होनेवाली वे पहली महिला थीं। इस घटना ने नारी-वर्ग में एक नवचेतना उत्पन्न कर दी। उनकी गिरफ्तारी के विरोध में महिलाओं के दल सक्रिय हो उठे। चारों ओर से उन्हें रिहा करने की माँग उठने लगी।

सुभद्रा कुमारी जेल गईं तो वहाँ के वातावरण से उनका स्वास्थ्य सामंजस्य नहीं बना सका और वे बीमार हो गईं। इससे जेल प्रशासन घबरा उठा। सरकार को भी चिंता होने लगी कि कहीं कवयित्री को कुछ हो गया तो नारी-जागृति का खतरा उठ खड़ा होगा। अभी तक देश भर में नारी-जागृति न होने से ही सरकार की हिम्मत स्थिर थी। अत: सरकार ने सुभद्रा कुमारी को जल्दी-से-जल्दी रिहा करने का कार्य किया। जेल से बाहर आकर स्वास्थ्य-

लाभ के लिए उन्होंने कुछ समय अन्य गतिविधियों से दूर रहकर आराम करना उचित समझा। इसी बीच उन्हें उनके पति लक्ष्मण सिंह का पत्र मिला, जिसे उन्होंने जेल से लिखा था। इस पत्र में लक्ष्मण सिंह ने उनके प्रति प्रेम और चिंता व्यक्त की थी। साथ ही उनकी प्रशंसा भी की थी। सुभद्रा कुमारी ने उनकी चिंता को एक पति का स्वाभाविक गुण माना तो प्रशंसा को अपने लिए पुरस्कार। फिर भी प्रेम की भाषा को पढ़कर उन्हें कुछ आशंका हुई। उन्हें लगा कि कहीं प्रेम के वशीभूत उनके पति अपने कर्तव्य से विचलित न हो जाएँ। उन्होंने पति को प्रत्युत्तर में पत्र लिखा, जिसमें उन्होंने एक कविता के माध्यम से उनकी कमजोरी को भी चित्रित किया और उन्हें भली-भाँति कर्तव्य-पाठ का संदेश भी दिया—

"कहीं हो प्रेम में पागल,
न पथ में ही मचल जाओ।"

सुभद्रा कुमारी की यह कविता 'कर्मवीर' पत्र में भी छपी थी और उसे व्यापक चर्चा भी मिली थी। लक्ष्मण सिंह को जब यह पत्र और कविता मिली तो उन्हें अपनी पत्नी पर बहुत गर्व हुआ। उन्होंने मन के आवेगों को दबाया और हृदय में उठ रही सभी शंकाओं को समाप्त करके अपने कर्तव्य-पथ पर दृढ हो गए। यह कविता भले ही सुभद्रा कुमारी ने अपने विचलित होते पति को साहस देने के लिए लिखी थी, लेकिन राष्ट्रीय आंदोलन में इसका महत्त्व कम नहीं है। यह उन हजारों लोगों के लिए कर्तव्यबोध का मार्ग बनी, जो व्यक्तिगत सुख में लिप्त होकर भारतमाता के प्रति अपने दायित्वों को लेकर उदासीन थे।

स्वास्थ्य ठीक होने पर सुभद्रा कुमारी चौहान अपने कर्तव्य-पथ पर आगे बढ़ने लगीं। साहित्य जगत् में उनका नाम श्रेष्ठ कवयित्रियों में गिना जाने लगा था। उस समय सुभद्रा की कविताओं के विषय—वे सशक्त भारतीय नारियाँ थीं, जो स्वतंत्रता आंदोलन में उदाहरण बनकर आगे आई थीं। इनमें सरोजिनी नायडू भी थीं, जो उस समय अपने कार्यों और वक्तव्यों से नारी-समाज की ही नहीं, बल्कि स्वतंत्रता आंदोलन की भी अग्रणी बन चुकी थीं।

सुभद्रा कुमारी ने अपनी कविताओं से नारी-शक्ति का आह्वान करके ब्रिटिश सरकार की नीति पर करारा प्रहार किया था। उन्हें देश भर में प्रखर साहित्यकार, सबल समाजसेविका और ओजपूर्ण क्रांतिकारी महिला के रूप में जाना जाने लगा था। इस विषय में आनंद मिश्र अभय ने 'पंचमी से पंचमी तक' शीर्षक लेख में लिखा है—

"सुभद्रा विद्रोहिणी थीं और क्रांतिकारिणी थी, लेकिन अपने संस्कारों की मर्यादाओं में रहकर उन्होंने स्त्रियों के लिए एक नए युग के द्वार खोल दिए। सामंतवादी रूढ़ियों को उन्होंने चुनौती दी। बिना घूँघट विवाह किया, दहेज-प्रथा का प्रतिकार किया और अपनी पुत्री सुधा का विवाह तत्कालीन जातिवादी बंधनों को तोड़कर प्रेमचंद के सुपुत्र से संपन्न कर मूढ़ आचारों, परंपराओं और धन-पिशाचों के आडंबरों व दिखावों पर कड़ी चोट की।"

लक्ष्मण सिंह और सुभद्रा दोनों एक-दूसरे के लिए बने थे—दोनों के विचार, भाव और उद्देश्य ही नहीं, प्रवृत्तियाँ भी एक थीं। ये एक ऐसे आदर्श दंपती थे, जिनके संबंध परस्पर सौहार्द, प्रेम और विश्वास पर टिके थे। लक्ष्मण सिंह ने सुभद्रा के व्यक्तित्व के विकास में पूरा-पूरा सहयोग दिया। सुभद्रा-लक्ष्मण की आदर्श जोड़ी सभी भारतीय परिवारों के लिए आदर्श थी। स्वतंत्रता के साथ जिस मर्यादा व नैतिक जिम्मेदारी की आवश्यकता होती है, वह इन दोनों में संस्कार रूप से विकसित हुई थी।

सुभद्रा बसंत की अग्रदूत थीं तो लक्ष्मण सिंह स्वाधीनता का शंखनाथ थे। सुभद्रा ने जो कार्य ओजस्वी कविताओं द्वारा किया, वही कार्य लक्ष्मण सिंह ने पत्रकारिता के माध्यम से किया।

सुभद्रा कुमारी दृढनिश्चयी स्वभाव की थीं। वे जो भी कार्य करती थीं, उसे मुसकराते हुए करती थीं और यह उनका स्वाभाविक गुण भी था। उनके व्यक्तित्व के बारे में 'पथ के साथी' में प्रसिद्ध कवयित्री महादेवी वर्मा ने लिखा है—

"अपने निश्चित लक्ष्य-पथ पर अडिग रहना और सबकुछ हँसते-हँसते सहना उनका स्वभावजात गुण था। क्रास्थवेट गर्ल्स कॉलेज में जब वे 8वीं

कक्षा की छात्रा थीं, तभी उनका विवाह हो गया और उन्होंने पति के घर की ओर प्रस्थान किया। स्वतंत्रता के युद्ध के लिए सन्नद्ध सेनानी पति को वे विवाह से पहले देख भी चुकी थीं और उनके विचारों से परिचित भी थीं। उनसे यह छिपा नहीं था कि नववधू के रूप में उनका जो प्राप्य है, उसे देने का न पति को अवकाश है और न लेने का उन्हें। वस्तुत: जिस विवाह में मंगल-कंकण ही रण-कंकण बन गया, उसकी गृहस्थी भी कारागार में बसाई जा सकती थी और उन्होंने बसाई भी नहीं, लेकिन इस साधना की मर्मव्यथा को वही नारी जान सकती है, जिसने अपनी देहली पर खड़े होकर मंगल-चौक पर रखे मंगल-कलश, तुलसी-चौरे पर जलते हुए घी के दीपक और हर कोने से स्नेह भरी बाँहें फैलाए हुए अपने घर पर दृष्टि डाली हो तथा बाहर के अंधकार, आँधी व तूफान को तौला हो और तब घर की सुरक्षित सीमा पार कर उसके सुंदर-मधुर आह्वान की ओर पीठ फेरकर अँधेरे रास्ते पर काँटों से उलझती चल पड़ी हो। उन्होंने हँसते-हँसते ही बताया था कि जेल जाते समय उन्हें इतनी अधिक फूल मालाएँ मिल जाती थीं कि वे उन्हीं का तकिया बना लेती थीं और लेटकर पुष्प-शय्या के सुख का अनुभव करती थीं।

''...उनके मानसिक जगत् में हीनता की किसी ग्रंथि के लिए कभी अवकाश नहीं रहा। घर से बाहर बैठकर वे कोमल और ओज से भरे छंद लिखनेवाले हाथों से गोबर के कंडे थापती थीं। घर के भीतर तन्मयता से आँगन लीपने की कला में मेरा भी कुछ प्रवेश था। अत: प्राय: हम दोनों प्रतियोगिता के लिए आँगन को भिन्न-भिन्न छोरों से लीपना प्रारंभ करती थी। लीपने में हमें अपने से बड़ा कोई विशेषज्ञ मध्यस्थ प्राप्त नहीं हो सका। अत: प्रतियोगिता का परिणाम सदा अघोषित ही रह गया, लेकिन आज मैं स्वीकार करती हूँ कि मेरे कार्य में एकांत तन्मयता केवल उसी गृहिणी में संभव है, जो अपने घर की धरती को समस्त हृदय से चाहती हो और सुभद्रा ऐसी ही गृहिणी थीं।

''उस छोटे से अधबने घर की छोटी सी सीमा में उन्होंने क्या संगृहीत नहीं किया। छोटे-बड़े रंग-बिरंगे फूलों के पौधों की क्यारियाँ, ऋतु के अनुसार

तरकारियाँ और गाय-बछड़े आदि। बड़ी गृहस्थी की साज-सज्जा वहाँ से विराट् दृश्य के छोटे चित्र के समान उपस्थित थी। अपने इस आकार में छोटे से साम्राज्य को उन्होंने अपनी ममता के जादू से इतना विशाल बना रखा था कि उसके द्वार पर न कोई अनाहूत रहा और न ही निराश लौटा।

"जिन संघर्षों के बीच उन्हें मार्ग बनाना पड़ा, वे किसी भी व्यक्ति को अनुदार और कटु बनाने में समर्थ थे। फिर भी सुभद्रा के भीतर बैठी सृजनशील नारी जानती थी कि काँटों का स्थान जब चरणों के नीचे रहता है, तभी वे टूटकर दूसरों को बेधने की शक्ति खोते हैं। परीक्षाएँ जब मनुष्य के मानसिक स्वास्थ्य को क्षत-विक्षत कर डालती हैं, तब उनमें उत्तीर्ण होने-न-होने का मूल्य नहीं रह जाता।

"...सुभद्रा जो महिमामयी माँ थी, उसकी वीरता का उत्‍र्स भी वात्सल्य कहा जा सकता है। न उनका जीवन किसी क्षणिक उत्तेजना से संचालित हुआ और न उनकी ओज भरी कविता वीर रस की घिसी-पिटी लीक पर चली। उनके जीवन में जो एक निरंतर निखरता हुआ कर्म का तारतम्य है, वह ऐसी अंतर्व्यापिनी निष्ठा से जुड़ा है, जो क्षणिक उत्तेजना का दान नहीं मानी जा सकती। इसी से जहाँ दूसरों की यात्रा का अंत दिखाई दिया, वहीं उन्हें नई मंजिल का बोध हुआ।"

सुभद्रा कुमारी चौहान ने जबलपुर में बढ़ते जनजागरण को और भी धार देने के उद्देश्य से राष्ट्रीय नेताओं को जबलपुर आने की आवश्यकता पर प्रस्ताव भेजा, जो सहर्ष स्वीकार हो गया।

14 अगस्त, 1923 को जबलपुर में राष्ट्रीय नेताओं के आगमन की तिथि निर्धारित हो गई। ब्रिटिश सरकार स्थानीय तंत्र तो पहले ही जबलपुर क्षेत्र में बढ़ते आंदोलनों से परेशान था। उसे जब इस महासभा की सूचना मिली तो उसकी बेचैनी और अधिक बढ़ गई। उसे यह डर सताने लगा कि कहीं आंदोलनकर्ता उग्र रूप न धारण कर लें।

उस समय देश भर में ऐसा ही हाल था। चारों ओर जिधर भी देखो, आंदोलन करते हुए लोग दिखाई देते थे। यदि सरकार के पास इसका कोई

तोड़ था तो वह यह था कि वह अधिकारों के हनन की अत्याचारी व दमनकारी नीति को प्रयोग में लाती थी और जबलपुर में यही किया गया। स्थानीय प्रशासन ने जबलपुर में निषेधाज्ञा लागू कर दी, जिससे किसी भी प्रकार के जुलूस व प्रदर्शन पर प्रतिबंध लगा दिया गया। किसी भी स्थिति से निपटने के लिए चारों ओर सुरक्षा-व्यवस्था भी कड़ी कर दी गई।

सुभद्रा कुमारी को यह प्रतिबंध स्वीकार नहीं था। अतः उन्होंने इसे मानने से साफ इनकार कर दिया और अपने साथियों व स्वयंसेवकों का आह्वान किया—

"यह हमारा देश है, हमारी भूमि है और हम इसपर कहीं भी विचरण करने को स्वतंत्र हैं। ब्रिटिश सरकार की साम्राज्यवादी नीति हमसे यह अधिकार नहीं छीन सकती। हमारी आवाज को दबाना अब संभव नहीं है। कोई भी निषेधाज्ञा हमें हमारे अधिकार माँगने से नहीं रोक सकती। एकजुट होकर हम एकता व अखंडता का प्रदर्शन भी करेंगे और इसकी शक्ति से शत्रु-शासन को भयभीत भी करेंगे।"

सुभद्रा कुमारी का यह ओजस्वी आह्वान सबने सुना और हजारों की भीड़ उनके नेतृत्व में सड़कों पर निकल पड़ी। निषेधाज्ञा मुँह ताकती रह गई। देशभक्तों के अपार जनसमूह के सामने उसकी एक न चली।

□

जनजागरण के पथ पर

"सुभद्रा कुमारी आधुनिक हिंदी की एक ऐसी लोकप्रिय कवयित्री थीं, जिनकी कविता ने स्वाधीनता आंदोलन के दौरान हिंदुस्तानियों के होंठों का गीत बनकर गाँव-गाँव और गली-गली स्वाधीनता का अलख जगाया। उनकी कविता जीवन के 'ऊष्मापूर्ण-संपूर्ण' के कारण लोकमानस की अंग बन गई।"

—डॉक्टर शीला मिश्र

यह सुभद्रा कुमारी का देशप्रेम और जिजीविषा थी कि वे ऐसे समय में आंदोलन की अगुआ बनीं, जब वे गर्भवती थीं। उनके शुभचिंतकों और प्रशंसकों ने उन्हें ऐसे समय में पूर्ण विश्राम की राय दी थी, लेकिन भारतमाता की यह लाड़ली अपने कर्तव्य पर अविचलित आगे बढ़ती रही। उन्हें ईश्वर पर पूर्ण विश्वास था। उनका यह विश्वास तब रंग लाया, जब सरकार ने लक्ष्मण सिंह को रिहा कर दिया। वे जेल से छूटकर जबलपुर आ गए तो लोगों ने उनका स्वागत किया। सुभद्रा कुमारी को पति के आने से साहस मिला। इसी बीच उन्होंने एक बेटी को जन्म दिया और कुछ समय के लिए उन्हें राजनीतिक गतिविधियों से दूर रहना पड़ा। इस बात का उन्हें बड़ा अफसोस था। अपने मन की पीड़ा उन्होंने अपने पति के सामने भी उजागर कर दी।

''सुनिएजी! घर में बैठे-बैठे एक तो मेरा मन नहीं लगता और फिर हर समय एक चिंता सी बनी रहती है। बड़ी कठिनाई से हमने क्षेत्र में चेतना जाग्रत्

करने में सफलता प्राप्त की है। अब यह अकर्मण्यता हानिकारक होगी।''

''सुभद्रा! तुम भी पागल हो। अरे, तुम अभी-अभी माँ बनी हो और उस नन्ही सी बच्ची के प्रति भी तुम्हारे कुछ दायित्व हैं। कर्तव्यशील व्यक्ति को सभी कर्तव्यों का निर्वहन करना चाहिए। समय के अनुसार ही कर्तव्य का पालन करना पड़ता है। अभी तुम्हारा कर्तव्य एक माँ के रूप में तुम्हारे सामने है। अत: इसका पालन करो और रही कार्यों की बात तो उन्हें मैं अंजाम दूँगा। तुम मुझे बताती रहो कि कहाँ क्या और कैसे करना है।''

''आपने मेरी एक बड़ी चिंता दूर कर दी।'' सुभद्रा प्रसन्न मुद्रा में बोलीं, ''मैं भी यही चाहती थी कि हमारे द्वारा की गई पहल का सार्थक परिणाम मिले और उसे हम निरंतर समुचित दिशा देते रहें। नेतृत्वहीनता किसी भी बड़े कार्य की असफलता का कारण बन जाती है। अब मेरी अनुपस्थिति में देशसेवा को आप नेतृत्व प्रदान करेंगे।''

''और हाँ, तुम भी बिल्कुल ही निष्क्रिय मत हो जाओ।'' लक्ष्मण सिंह ने हँसकर कहा, ''कलम तो उठा ही सकती हो। तुम्हारे विचार क्या किसी नेतृत्व से कम प्रभावी हो सकते हैं। जब तक पूर्ण स्वस्थ न हो जाओ, तब तक इसी माध्यम से जनमानस में ऊर्जा प्रवाहित करती रहो।''

''आप सही कहते हैं।'' सुभद्रा कुमारी आश्वस्त हो गईं।

अपनी देशभक्ति एवं राष्ट्रीय चेतना से परिपूर्ण कविताओं के माध्यम से सुभद्रा कुमारी जन-जन के बीच अत्यंत लोकप्रिय हो गई थीं। जबलपुर में लोग उनके कार्यों की प्रशंसा करते नहीं थकते थे। सुधा चौहान ने 'जैसा जीवन जिया' लेख में लिखा है—

''जबलपुर का तो हर लिखनेवाला उन पर अपना अधिकार समझता था, क्योंकि वक्त-बेवक्त उन्हें अपनी कविता सुनाने पहुँच जाता था। फिर कविता सुनने के साथ में चाय तो मिलती ही थी, साथ ही एक वत्सल स्नेह का मधुर आश्वासन भी मिलता था। उन दिनों जबलपुर में जो कवि और लेखक थे, जैसे भवानी प्रसाद तिवारी, रामेश्वर गुरु, केशव प्रसाद पाठक, राजेश्वर गुरु और रामानुजलाल श्रीवास्तव आदि उन सबके लिए सुभद्रा का

घर अपने घर जैसा ही था। जब कभी मन में तरंग आती तो बिना किसी पूर्व सूचना के सुभद्रा के घर में इकट्ठे हो जाते। वहाँ कविता का पाठ होता, चाय का दौर चलता, गप्पों से भरी राजनीति की बातें होतीं, लेकिन किसी को भी यह ध्यान में नहीं आता कि उनके अतिथेय को इस अवांछित अतिथि-सत्कार से कोई असुविधा हो रही होगी, क्योंकि सत्य यही था कि ये अनाहूत गोष्ठियाँ सुभद्रा के लिए अवांछित कभी नहीं थीं। उन्हें अपने बंधु-बांधवों से घिरे रहने में ही अच्छा लगता था और जहाँ तक अतिथि-सत्कार की बात है, वे कहा करती थीं कि अतिथि तो भगवान् होता है। वह गृहस्थ बहुत भाग्यवान होता है, जिसके यहाँ अतिथि आते हैं।''

इन्हीं दिनों अपरिहार्य कारणों से 'कर्मवीर' पत्र का स्थानांतरण जबलपुर से अन्यत्र हो गया। लक्ष्मण सिंह के लिए यह संभव नहीं था कि वे अपनी नवजात बच्ची और पत्नी को छोड़कर अन्यत्र नौकरी करते। इससे परिवार की आर्थिक स्थिति कमजोर होने लगी। लक्ष्मण सिंह चिंतित थे कि ऐसे समय में जीवन-निर्वाह के लिए क्या किया जाए।

''सुभद्रा! बड़ी कठिन परिस्थिति है। तुम्हें अकेले छोड़कर जाना ठीक नहीं है और बिना आय के आर्थिक संकट गहराता जा रहा है। मेरी तो समझ में नहीं आ रहा है कि क्या करना चाहिए?''

''इसमें समझनेवाली क्या बात है।'' सुभद्रा ने राय दी, ''आप इस नौकरी से पहले भी तो कुछ करते थे। आप एक सुशिक्षित और सफल वकील रह चुके हैं। अपनी इस योग्यता का लाभ उठाइए।''

''अरे वाह!'' लक्ष्मण सिंह प्रसन्नता से उछल उठे, ''तुमने तो पल भर में ही सारी समस्या का समाधान कर दिया। इसे कहते हैं योग्यता। भई! हम तो ऐसे ही अक्ल के पीछे लट्ठ लिये घूमते रहते हैं, जबकि हमें यह बात तो सबसे पहले सूझनी चाहिए थी।''

''ऐसा अकसर होता आया है।'' सुभद्रा ने हँसते हुए कहा।

लक्ष्मण सिंह ने अपनी वकालत फिर से आरंभ कर दी, लेकिन यह तो समय का एक फेर था और फिर स्थान-परिवर्तन का प्रभाव भी था कि उनकी

वकालत ठीक से चल नहीं पा रही थी। आर्थिक स्थिति खराब होती देखकर लक्ष्मण सिंह ने खंडवा में अपनी जमीन का कुछ हिस्सा बेच दिया और उससे घर का खर्च चलाने का प्रबंध किया।

इसी बीच सुभद्रा की कविताओं में वात्सल्य रस ने स्थान पाया और उन्होंने कुछ अद्‌भुत ममतामयी कविताओं की रचना की। यह उनका अपना अनुभव था, जो उन्हें माँ बनने के बाद प्राप्त हुआ था। नारी की संपूर्णता ही माँ के रूप में है। सुभद्रा ने अपनी प्यारी और नन्ही सी बच्ची सुधा पर अपना ममत्व उड़ेल दिया था तथा अपनी रचनाओं में मातृत्व से सब अनुभव पिरो दिए थे। यह समय सुभद्रा का ममता भरे हृदय के दृष्टिकोण से जीवन का आनंदपूर्ण समय था। यद्यपि घर में आर्थिक अभाव सिर उठा रहा था, लेकिन सुभद्रा धैर्य और संतोष से अपनी बच्ची को ममतामयी छाया दे रही थीं।

फिर अचानक सुभद्रा के विचारों ने एक नई करवट ली और उन ओजपूर्ण विचारों ने जो कविता बुनी, वह कालजयी होकर राष्ट्रीय आंदोलन के लिए प्रेरणा का स्रोत बन गई। आनंद मिश्र 'अभय' ने 'पंचमी से पंचमी तक' नामक लेख में लिखा है—

"कविता का स्वर गूँजा और कविता जन-जन का कंठहार बन गई। क्षत्रिय कन्या, क्षत्रिय कुलवधु की मात्र यही एक कविता 'बुंदेले हरबोलों··· रानी थी' ओज-तेज की लहराती प्रेरणा-स्रोतस्विनी जब तक जीवित है, तब तक इसकी रचयित्री सुभद्रा कुमारी चौहान भी अजर-अमर रहेंगी। ठीक वैसे ही, जैसे भूषण की 'शिवा बावनी', 'वर दे वीणावादिनी वर दे', रामधारी सिंह दिनकर की 'मेरे नगपति मेरे विशाल' और श्याम नारायण पांडेय की 'हल्दीघाटी' के रहते उनकी अजरता-अमरता अक्षुण्ण बनी रहेगी।"

डॉक्टर दुर्गेश नंदिनी ने 'क्रांति की गायिका : सुभद्रा कुमारी चौहान' नामक लेख में सुभद्राजी की कविताओं के परिप्रेक्ष्य में लिखा है—

"सुभद्राजी की राष्ट्रीय कविताएँ क्रांति के जयघोष से गुंजरित हो रही हैं। 'वीरों का कैसा हो वसंत' कविता में भारतीय इतिहास के वीर पुरुषों एवं घटनाओं का नाम लेकर लंका और कुरुक्षेत्र का स्मरण कर त्रेता एवं द्वापरयुग

की वीरता के महत्त्व का वर्णन करते हुए यह स्पष्ट किया है कि वसंत पर्व को रक्त पर्व के रूप में मनाया जाना चाहिए।''

''...सुभद्राजी ने भूतकाल के गौरव को भविष्य के सपनों के साथ जोड़ दिया। जिस प्रकार तुलसी ने रामचरितमानस के संबंध में 'जेहि महुँ आदि मध्य अवसाना, प्रभु प्रतिपाद्य राम भगवाना', यह कथन चरितार्थ होता है, उसी प्रकार सुभद्राजी के आदि, मध्य व अंत में राष्ट्रीयता व्याप्त है।''

उन दिनों बुंदेलखंड शैली में लोकगीतों का प्रचलन था, जो वीर रस से ओत-प्रोत होते थे। इनका मुख्य विषय आल्हा-ऊदल थे, जो चंदेलवंशी शासक परमार देव के अतुल बलशाली सेनानायक थे, जिनकी वीरता की गाथा जन-जन में लोकप्रिय थी। गाँव-गाँव में चौपाल पर आल्हा का गायन होता था।

सुभद्रा कुमारी ने इसी लोकशैली को अपनाते हुए 'झाँसी की रानी' नाम से एक कविता की रचना की—

बुंदेले हरबोलों के मुँह हमने सुनी कहानी थी।
खूब लड़ी मरदानी वह तो झाँसी वाली रानी थी॥

वीर रस से ओत-प्रोत इस कविता में रानी लक्ष्मीबाई की वीरता और देशप्रेम से भरी गौरवगाथा थी, जो जल्दी ही लोगों की जुबान पर चढ़ गई। इस कविता की पुस्तिका जब बाजार में आई तो लोगों ने इसे हाथोहाथ लिया। कांग्रेस के अधिवेशनों में, स्थानीय मेलो में और हाट-बाजारों में यह कविता-पुस्तिका खूब बिकी। 1930 के सत्याग्रह में यह युवाशक्ति को प्रेरित करनेवाली अत्यंत महत्त्वपूर्ण कविता रही, जिसने राष्ट्रीयता को चरम पर पहुँचा दिया। इस कविता के महत्त्व का अंदाजा इसी बात से हो जाता है कि ब्रिटिश सरकार भी इससे डर गई और इस कविता की पुस्तिका को जब्त कर लिया गया, फिर भी तब तक देर हो चुकी थी। सुभद्रा कुमारी जन-जन की प्रिय कवयित्री बन चुकी थीं।

सुभद्रा कुमारी ने अपने प्रिय पाठकों और देशवासियों को निराश नहीं किया। उन्होंने एक के बाद एक वीर रस से डूबी कविता और कहानियाँ

रचकर लोगों को राष्ट्रीयता के प्रति जागरूक करने का कार्य किया। लगभग सभी प्रमुख हिंदीभाषी पत्र-पत्रिकाओं में उनकी कविताएँ छप रही थीं। अपनी कविताओं में राष्ट्र-विषयक रचनाएँ रचकर उन्होंने अपनी काव्य-क्षमता का लोहा मनवाया। देशप्रेम के साथ भारत की सनातन संस्कृति और सामाजिक स्थिति को भी उनकी कविताओं में स्थान मिलता रहा। 'सुभद्रा कुमारी चौहान की राष्ट्रीय चेतना' शीर्षक लेख में वीरेंद्र मोहन ने लिखा है—

"बीसवीं शताब्दी के प्रारंभिक वर्षों में राष्ट्रीय चेतना का जो स्वरूप विकसित हुआ, उसमें राजनिष्ठा का लेशमात्र भी समावेश नहीं है। अत: बीसवीं शताब्दी की राष्ट्रीयता में अंग्रेजी सत्ता के लिए जिन संज्ञाओं का प्रयोग किया है, वे वर्ग शत्रु के दायरे में आते हैं। सुभद्रा के व्यक्तित्व में यह भाव प्रवाहित होता दिखाई देता है। उनकी गांधीवादी चेतना निरंतर उग्र होती दिखाई देती है। आत्मोत्सर्ग और देशभक्ति के तत्त्व परस्पर अंतर्गुंफित होते दिखाई देते हैं। 'है आती मुझे याद चित्तौड़गढ़ की/धधकती है दिल में वह जौहर की ज्वाला' अथवा 'यम की सूरत उन पतितों का/पाप भूल जाऊँ कैसे/ घाव आज भी ताजा है/ मन को समझाऊँ कैसे?' अथवा 'खाना-पीना सोना-जीना/ हो पापी का भार सखी/ मर-मर कर पापों का कर दें, हम जगती से उद्धार सखी' जैसी भावनाएँ सुभद्राजी के आत्मोत्सर्ग और देशभक्ति के जीवंत उदाहरण हैं।

देश के साथ मरने-जीने का संकल्प सुभद्राजी की राष्ट्रीय चेतना का महत्त्वपूर्ण पक्ष है। सुभद्राजी के संदर्भ में हम कह सकते हैं कि देशभक्ति, मातृभाषा के प्रति प्रेम, समाज-सुधार के विविध पक्ष और पराधीनता के बंधनों से मुक्ति आदि उनकी कविता के प्रगतिशील पक्ष हैं, जिन्हें केवल राजनीतिक आंदोलन के संदर्भ में ही नहीं, बल्कि सांस्कृतिक आंदोलन के संदर्भ में भी देखा जा सकता है।"

सुभद्रा कुमारी ने तत्कालीन परिस्थितियों में स्त्रियों की दशा से संबंधित कविताओं की भी रचनाएँ कीं। इस विषय में वीरेंद्र मोहन ने आगे वर्णन किया है—

"सुभद्रा कुमारी चौहान ने स्त्रियों को संबोधित करते हुए अनेक रचनाएँ लिखीं और राधा-स्मरण तो अनेक बार किया गया है। यहाँ राधा का रूप कर्तव्यपरायण और सेवाभावी स्त्री का है। समाज की विषमताओं के अनेक संदर्भ स्त्री-जीवन से जुड़े हुए हैं। माँ, पत्नी, बेटी, सखी आदि सभी रूपों में एक नीतिशास्त्र का पालन किया गया है। सर्वत्र स्वतंत्रता की चेतना से उनका संबंध स्थापित किया गया है। सुभद्राजी की रानी विपन्न और शोषित-दलित रानी है। जलियाँवाला बाग नरसंहार में मारे गए सेनानी की पत्नी का करुणा चित्र सुभद्राजी ने 'मेरी कविता' में प्रस्तुत किया है। वे स्त्री-समाज से निरंतर संघर्ष की बात करती हैं।"

पुरातनकाल से ही भारतीय समाज में स्त्री-जाति की स्थिति अत्यंत दयनीय रही है। स्त्री को समानता के अधिकार से वंचित रहना पड़ा और यही नहीं, इसके लिए उसे अनेक प्रकार के अत्याचारों व अन्यायों का भी सामना करना पड़ा। सुभद्रा कुमारी ने अपनी रचनाओं में स्त्री को केंद्र में रखते हुए वस्तुस्थिति का वर्णन किया है। 'समय से आगे—सुभद्रा कुमारी चौहान' नामक लेख में डॉक्टर गरिमा श्रीवास्तव ने सुभद्रा कुमारी की रचनात्मक क्षमता का वर्णन करते हुए लिखा है—

"सुभद्रा कुमारी चौहान भारतीय समाज की पुरुष मानसिकता की गहरी पड़ताल करती दिखाई देती हैं। पुरुष किसी भी भूमिका में हो, लेकिन वह स्त्री को बराबरी में मनुष्य का दरजा देना चाहता ही नहीं। 'मँझली रानी' की तारा जब ससुराल से निष्कासित होकर अपने पिता के घर पहुँचती है तो उसका पिता भी उसे खरी-खोटी सुनाता है और घर की देहरी से धक्का देता है, 'दूर रह चांडालिन! यदि तू निर्दोष ही होती तो इतना बवंडर क्यों उठता। उन्हें क्या पागल कुत्ते ने काटा था, जो बैठे-बैठाए अपनी बदनामी करवाते? जा, जहाँ जगह मिले, समा जा। मेरे घर में तेरे लिए जगह नहीं है। क्या करूँ? अंग्रेजी राज न होता तो तेरी बोटी-बोटी करके फेंक देता।"

"नारी को एक बृहत्तर सामाजिक संरक्षण की आवश्यकता है, क्योंकि पुरुष-प्रधान समाज अपनी प्रभुसत्ता स्थापित करने के लिए उसे यह अनुभव

कराता है कि वह पुरुष की संपत्ति है। पुरुष के हाथ में सारे आर्थिक साधन हैं, जिनके बल पर वह स्त्रियों पर दलबद्ध नियंत्रण करता है। स्त्री के सतीत्व की अवधारणा पितृसत्तात्मक समाज द्वारा बनाई गई है। अतः वही उसके सती-असती होने का निर्णय सुनाता है। भारतीय परंपरा स्त्री की पक्षधर कभी नहीं रही।

जो स्त्री पति के घर में जगह पाने लायक नहीं है तो वह पिता के घर से भी निष्कासन पाने के योग्य है। कहानी में अंग्रेजी कानून-व्यवस्था, जो कि सख्त और तत्पर है, के डर से पिता अपनी बेटी की हत्या नहीं कर पाता, अन्यथा वह चरित्रभ्रष्टा पुत्री को समाज में यों ही खुला न घूमने देता। सुभद्रा कुमारी चौहान को आधुनिक स्त्री-विमर्श की जानकारी भले ही न रही हो, लेकिन स्त्री को उसके अस्तित्व को मानवीय रूप में अनुभव और स्वीकृत कराने का प्रयास तथा स्त्री की अस्मिता को स्वतंत्र व्यक्तित्व के रूप में स्थापित कराने का प्रयास उनके साहित्य में दिखाई देता है।

···हिंदी कथा साहित्य में स्त्रियों में निजी जीवनानुभवों की अभिव्यक्ति के गहरे साक्ष्य सुभद्रा कुमारी चौहान की रचनाओं में दिखाई देते हैं। स्त्री का निजी, सामाजिक अनुभव, उसकी अभिव्यक्ति और पितृसत्तात्मक समाज के मूल्यों, मान्यताओं एवं वर्जनाओं पर संदेह का यह प्रारंभिक समय है। यद्यपि यूरोप में स्त्री-आंदोलनों का आरंभ हो गया था, लेकिन भारतीय सामाजिक परिप्रेक्ष्य में स्त्री-विमर्श, आंदोलन और नारेबाजी नहीं, बल्कि स्त्रियों के निजी जीवनानुभवों का हिस्सा बनकर आया और इसीलिए उसे साहित्य में महत्त्वपूर्ण स्थान मिला।

स्त्री का प्रश्न हाशिए से उठकर केंद्र में आने की घटना बीसवीं सदी के उत्तरार्ध की है। जिस समय सुभद्रा कुमारी चौहान रचना करने में प्रवृत्त थीं, उस समय कुछ गिनी-चुनी स्त्रियों की ही सामाजिक भागीदारी थी। अधिकांश स्त्रियाँ समाज-मर्यादा की बेड़ियों में जकड़ी रुदन और हाहाकार में ही अपना विरेचन करती थीं। जहाँ तक समाज-सुधारकों के दृष्टिकोण का प्रश्न है, वे स्त्री पर अपने नियंत्रण की चिंता से ग्रसित थे। इन लोगों की दृष्टि में स्त्रियाँ

व्यभिचार की जड़ थीं।

…सुभद्रा कुमारी चौहान स्त्री को मर्यादित रखनेवाले बंधनों की सीमाओं से भली-भाँति परिचित थीं। नए आनेवाले समय में पुराने बंधनों को टूटना ही होगा, यह वे समझती थीं। वे लिखती हैं, "समाज व परिवार व्यक्ति को बंधन में बाँधकर रखते हैं। ये बंधन देश-कालानुसार बदलते रहते हैं और उन्हें बदलते रहना चाहिए। अन्यथा वे व्यक्तित्व के विकास में सहायता करने के बजाय बाधा पहुँचाने लगते हैं।"

सुभद्रा कुमारी चौहान ने तत्कालीन राजनीति को संस्कृति, इतिहास राष्ट्रीयता से जोड़कर जनजागरण में बड़ी महत्त्वपूर्ण भूमिका निभाई। उनकी काव्य-क्षमता को देखकर एक प्रकाशन ने उनसे मुलाकात की।

"हम चाहते हैं कि आपकी सभी कविताओं को संकलित करके एक काव्य-संग्रह प्रकाशित किया जाए।" प्रकाशक ने कहा, "अगर आपकी अनुमति हो तो हम इस दिशा में कार्य करें।"

"यह तो बहुत अच्छी बात है।" सुभद्रा प्रसन्नता से बोलीं, "मैं तैयार हूँ। जो भी कागजी कारवाई की जानी हो, आप उसे अंजाम दें।"

"धन्यवाद!" प्रकाशक प्रसन्न मुद्रा में बोला, "इससे पाठकों को आपकी कविताएँ एक ही जिल्द में पढ़ने को मिलेंगी। हमारा प्रकाशन आपकी इस पुस्तक को भव्य रूप से प्रकाशित करेगा। आप इस संग्रह का कोई उचित शीर्षक सोचकर हमें बताएँ।"

"मुकुल कैसा रहेगा?"

"बहुत अच्छा। मुकुल! हाँ, यही अच्छा रहेगा।"

इस तरह सुभद्रा कुमारी चौहान का पहला काव्य-संग्रह 'मुकुल' प्रकाशित हुआ, जो शीघ्र ही बाजार में आ भी गया। लोगों ने उसे हाथोहाथ लिया और साहित्य-जगत् में सुभद्रा का नाम छा गया। उसी काव्य-संग्रह को साहित्य-सभा में सर्वश्रेष्ठ कृति के लिए चुना गया। यही नहीं, महिला साहित्यकार को मिलनेवाला 'सेकसरिया पुरस्कार' सुभद्रा को मिला, जिसमें उन्हें पाँच सौ रुपए की धनराशि दी गई। उस समय इतनी धनराशि बहुत बड़ी धनराशि

मानी जाती थी और वैसे भी परिवार की आर्थिक स्थिति को देखते हुए यह धनराशि उनके बहुत काम आनेवाली थी। इससे सुभद्रा को आय का एक नया स्रोत मिला, जो उनके लिए बड़ा उपयोगी सिद्ध हुआ। यही नहीं, अब उनकी रचनाओं को एक बड़ा मंच भी मिल गया था। इससे उत्साहित होकर उन्होंने अपनी कहानियों का भी संग्रह प्रकाशित कराने का विचार किया। 'बिखरे मोती' नाम का यह कहानी-संग्रह भी लोगों तक शीघ्र ही पहुँच गया। सामाजिक जनजीवन और भारतीय संस्कृति को दरशाने वाली इन कहानियों में सुभद्रा ने अपनी लेखन-क्षमता का भरपूर परिचय दिया। पहले की अपेक्षा अब वे बहुत अधिक व्यस्त और सक्रिय हो गई थीं। लेखन-कार्य के साथ-साथ वे राष्ट्रीय आंदोलन में भी भरपूर समय देने लगी थीं।

□

गांधीजी से भेंट

"अतीत की गौरवगाथा में निमग्न होना प्रत्येक कवि के बस की बात नहीं है। इस कार्य में वही सफल हो सकता है, जिसके हृदय में देश की संस्कृति और परंपराओं के अमिट संस्कार हैं और जिसने इतिहास एवं पुराण का गहन अध्ययन किया हो तथा जो अपनी भावुकता के बल पर अतीत के गौरव के स्मरण से रसाभिभूत होने की क्षमता रखता हो। सुभद्राजी में इन तीनों बातों का समावेश है, इसीलिए वे एक सफल राष्ट्रीय कवयित्री के रूप में अमर हैं।"

—डॉक्टर दुर्गेश नंदिनी

सन् 1931 में सुभद्राजी लक्ष्मण सिंह के साथ गांधीजी के सत्याग्रह आंदोलन में सक्रिय हो गईं। इसी बीच उन्हें एक पुत्ररत्न की भी प्राप्ति हुई। सत्याग्रह आंदोलन ने देश भर में एक लहर सी पैदा कर दी थी और क्रांतिकारी आंदोलन भी अपने चरम पर था। चंद्रशेखर आजाद, भगत सिंह, राजगुरु और सुखदेव सहित कितने ही युवा क्रांतिकारी प्राणोत्सर्ग करके देश की युवा क्रांति के प्रेरणास्रोत बन गए थे। हिंसक क्रांति ने ब्रिटिश शासन को हिलाकर रख दिया था। सरकार अब पूरी तरह से अन्याय पर उतर आई थी। दूसरी गोलमेज सभा के असफल होते ही गांधीजी ने सविनय अवज्ञा आंदोलन आरंभ कर दिया था। सरकार आंदोलन का दमन करने के लिए सभी प्रयास

कर रही थी। आंदोलन में शामिल लोगों को गिरफ्तार किया जा रहा था। मध्य प्रदेश में ब्रिटिश दमनचक्र अपने चरम पर था। आंदोलनकारी गिरफ्तारियाँ दे रहे थे और लगातार वंदेमातरम् का जयघोष कर रहे थे।

लक्ष्मण सिंह और सुभद्राजी पर भी गिरफ्तारी का संकट मँडरा रहा था। स्थिति ऐसी बन गई थी कि उन्हें कभी भी गिरफ्तार किया जा सकता था।

"सुभद्रा!" लक्ष्मण सिंह गंभीरता से बोले, "सरकार का दमनचक्र जोरों पर है और हमें गिरफ्तार होना पड़ेगा, लेकिन तुम्हें स्वयं को गिरफ्तारी से दूर रखना है, क्योंकि बच्चों की देखभाल भी तो करनी है।"

"आप ठीक कह रहे हैं। मैं प्रयास करूँगी कि गिरफ्तारी से बची रहूँ, लेकिन लंबे समय तक बचे रहना संभव नहीं होगा।"

"प्रयास तो किया ही जा सकता है। बच्चों की ओर देखते हुए तुम्हें अपनी गतिविधियाँ कम करनी होंगी, जिससे अत्याचारी पुलिस की निगाह से तुम बची रहो।"

"ऐसा होना कठिन है।" सुभद्रा ने कहा, "गिरफ्तारी के भय से मैं अपने कर्तव्य-पथ से पीछे नहीं हटूँगी। दुनिया क्या कहेगी कि औरों को वीरता और शौर्य की कविताएँ सुनानेवाली सुभद्रा स्वयं भयभीत होकर घर में बैठ गई।"

"नहीं, ऐसा तो मैं कभी नहीं चाहूँगा। तुम्हारी कलम और कविता का प्रभाव मैंने देखा है। लोगों में नई चेतना और राष्ट्रीयता का भाव जगाने के लिए तुम्हें सक्रिय तो रहना ही होगा, फिर भी सावधानी बरतने की आवश्यकता है।"

"हाँ, आप सही कहते हैं। मैं इसका ध्यान रखूँगी। आप निश्चिंत रहें और अपने कर्तव्य का निर्वाह करते रहें।"

लक्ष्मण सिंह जानते थे कि उनकी पत्नी को देशभक्ति, समाज-सेवा और पारिवारिक दायित्वों में सामंजस्य बनाए रखने की कला भली-भाँति आती है। लक्ष्मण सिंह को अपनी पत्नी पर गर्व था। कुछ दिनों बाद वे गिरफ्तार कर लिये गए। सुभद्राजी ने स्वयं को गिरफ्तारी से दूर रखा। पति के जेल जाने से परेशानियाँ तो बढ़नी ही थीं और घर की आर्थिक स्थिति भी

अच्छी नहीं थी। जैसे-तैसे करके वे घर का खर्च चला रही थीं। वे जनजागरण के कार्यों में भी सक्रिय थीं। राष्ट्रीय आंदोलन के वरिष्ठ नेताओं तक उनकी ख्याति पहुँच गई थी।

उसी समय आधुनिक युग की 'मीरा' कही जानेवाली कवयित्री महादेवी वर्मा, जो कि सुभद्रा की सखी भी थीं, उनसे मिलने के लिए आईं। वे दोनों प्रयाग के विद्यालय में साथ-साथ पढ़ चुकी थीं। महादेवी वर्मा सुभद्रा की कविताओं से बहुत प्रभावित थीं। उन्होंने सुभद्रा की कविताओं की भूरि-भूरि प्रशंसा की। इन दोनों सखियों के बारे में 'जैसा जीवन जिया' लेख में सुधा चौहान ने लिखा है—

"जिस समय सुभद्रा ने लिखना शुरू किया था, उस समय हिंदी संसार में दो लेखिकाओं की अधिक ख्याति थी। एक वे स्वयं और दूसरी महादेवी वर्मा। बचपन में इलाहाबाद में स्कूल में पढ़ते समय भी दोनों का कुछ समय तक साथ रहा था। दोनों अलग-अलग कक्षा में पढ़ती थीं। सुभद्रा अधिक चंचल स्वभाव की थीं। उन्हें पता लगा कि यह चुप रहनेवाली लड़की भी कविता लिखती है तो उन्होंने सारे हॉस्टल को महादेवी की कविता की कॉपी दिखा दी और उनके संकोच को अपने उन्मुक्त स्वभाव से जबरन दूर कर दिया।"

फिर भी बचपन का लिखना-पढ़ना तो शेष अन्य कार्यों के समान खिलवाड़ ही था और इस खेल में दोनों एक-दूसरे की सखी थीं। उनमें तनिक भी प्रतिद्वंद्विता नहीं थी, फिर सुभद्रा की शादी हो गई। असहयोग की पुकार पर उन्होंने पढ़ाई छोड़ दी और तन-मन से कर्मक्षेत्र में कूद पड़ीं। महादेवी की पढ़ाई अबाध चलती रही। उन्होंने स्कूल की पढ़ाई पूरी की, विश्वविद्यालय की शिक्षा पूरी की और फिर स्वयं स्त्री-शिक्षा के क्षेत्र में बहुत काम किया तथा कविता के क्षेत्र में भी बहुत नाम किया। छायावादी कवियों में उनका प्रमुख स्थान है।

सुभद्रा कविता-स्रोतस्विनी, उनके बहुआयामी जीवन, जिसमें घर-गृहस्थी बच्चे, राजनीतिक एवं सामाजिक कार्य, परिवार-परिजन सभी कुछ था, उनमें खंड-खंड विभक्त होकर फिर भी कविता के रूप में, तो कभी कहानी के रूप में और कभी बच्चों की कविता के रूप में अभिव्यक्ति पाती रहीं, लेकिन

उसकी अविच्छिन्न धारा, जो प्रारंभ में थी, वह फिर नहीं लौटी और बिखरी ही रही। उन्होंने कहानियाँ लिखीं, बच्चों के लिए बहुत ही सुंदर कविताएँ लिखीं, लेकिन यह लेखन जीवन की मूलधारा के पड़ाव जैसे थे। यह जीवनधारा के साथ समगति से चलनेवाला पहले जैसा लेखन नहीं था।

महादेवी की एकांत साधना कविता में और स्त्री की शिक्षा के क्षेत्र में पल्लवित-पुष्पित हुई। कविता के क्षेत्र में उनका स्थान बहुत ऊँचा है। अपने समकालीनों में बड़े सम्मान का स्थान है, परंतु सुभद्रा और महादेवी की मैत्री तो जैसी निर्मल थी, वैसी ही सदा रहती आई। वे जब आपस में मिलती थीं, उनका लेखिका या सामाजिक कार्यकर्ता का रूप इस चिरंतन सखीत्व के आगे दुबक सा जाता था। फिर तो दो समवयस्क स्त्रियाँ साथ बैठकर साड़ियों की चर्चा करती थीं। आपस में चूड़ियों का आदान-प्रदान होता था और एक-दूसरे के हाथ की बनाई चीजें खाई जाती थीं। दोनों साथ-साथ बाजार जाती हैं कि गांधी आश्रम से खोजकर एक सी साड़ियाँ ले आएँ। जब कभी किसी कवि-सम्मेलन या सभा में दोनों को साथ-साथ जाना होता था तो इनमें पहले यह तय हो जाता था कि कभी कोई हँसी की बात होगी तो वे एक-दूसरे की ओर देखेंगी नहीं। आँखें मिलने पर तो खिलखिलाहट रोकना मुश्किल हो जाएगा और सार्वजनिक स्थान में ऐसा अनाचार ठीक नहीं। उनकी यह मैत्री सदा ही निर्मल रही।

महादेवी जबलपुर कम ही जा पाती थीं, जबकि सुभद्रा का वर्ष में इलाहाबाद का एकाध चक्कर लग ही जाता था। वे कहीं भी आती-जाती हों, रास्ते में वे सीधे महादेवी के घर पहुँच जातीं। चाहे वे घर में हों या कॉलेज में, इससे कोई फर्क नहीं पड़ता था। वे अपना सामान रखकर इत्मीनान से बैठ जातीं और महादेवी के लिए जो छोटे-मोटे उपहार लेकर आतीं, उन्हें निकाल लेतीं। तब तक महादेवी को भी अतिथि की सूचना मिल जाती थी और वे आकर देखतीं कि सुभद्रा अपनी गृहस्थी फैलाए इत्मीनान से भगतिन (उनकी नौकरानी) से बातचीत कर रही हैं। यहाँ आत्मीय घरेलूपन जहाँ महादेवी के अंतर्मन को स्नेह से भिगो देता था, वहीं सुभद्रा के लिए वह कुछ

नितांत सहज था। संबंधों के इस आत्मीय सहज स्तर के सिवा दूसरा कुछ उन्होंने जाना ही नहीं।

एक बार सुभद्राजी महादेवी वर्मा से भेंट करने के लिए इलाहाबाद आईं। दोनों बड़ी सहृदयता से एक दूसरे के गले मिलीं। सामान्य शिष्टाचार और जलपान के बाद सुभद्रा और महादेवी वर्मा के बीच अनेक विषयों को लेकर बातचीत का दौर शुरू हो गया।

''सुभद्रा! वाकई तुमने काव्य-क्रांति को बल दिया है। 'झाँसी की रानी' जैसी कविता लिखकर तुमने राष्ट्र-जागरण कर दिया है। गांधीजी भी तुम्हारी कविता पढ़कर गद्‌गद हो उठे हैं और वे तुमसे भेंट करने की इच्छा रखते हैं।'' महादेवी वर्मा ने कहा।

''मैं स्वयं उनके दर्शन करने की इच्छुक हूँ। वे इस सुषुप्त देश को जगानेवाले क्रांतिदूत हैं। उन्होंने सत्य और अहिंसा का सफल प्रयोग करके विश्व भर में भारतीय क्रांति को एक नई पहचान दी है। ऐसे महापुरुष के दर्शन करना तो मेरा सौभाग्य होगा।'' सुभद्रा हर्षित होती हुई बोलीं।

''चलो, तो फिर चलते हैं आनंदभवन···बापू (गांधीजी) वहीं आए हुए हैं।''

''ठीक है।''

दोनों कवयित्री गांधीजी से भेंट करने के लिए चल पड़ीं। जब भेंट हुई तो गांधीजी भी हर्षित हो उठे।

''यह मेरा परम सौभाग्य है कि आज एक साथ माँ भारती की दो छवियों के दर्शन हुए। यह अद्‌भुत दृश्य है। काव्य की दो महान् रश्मियाँ एक साथ! एक की रचना में नारी का ममतामयी रूप मन को मोह लेता है तो दूसरी की रचना नारी के शौर्य और साहस की प्रतिमूर्ति है। विश्व का इतिहास भी आप दोनों पर गर्व करता है। देश आपके प्रति सदैव कृतज्ञ रहेगा।''

दोनों सखियाँ गांधीजी के मुँह से अपनी प्रशंसा सुनकर गद्‌गद हो उठीं।

''किसी भी देश की स्वतंत्रता में नारी का योगदान बहुत आवश्यक है और आप दोनों ने अपने कर्तव्य का भली-भाँति निर्वाह किया है। ईश्वर

आपके विचारों को और भी प्रखर करे।'' गांधीजी ने कहा, ''आज देश 'स्वराज' के लिए संघर्षरत है। हमने भी स्वराज फंड के माध्यम से सबका सहयोग माँगा है। आप भी इए कार्य में सहयोग करें।''

सुभद्रा कुमारी की आर्थिक स्थिति तो किसी से छिपी नहीं थी। वे क्या दान करतीं! उन्हें बड़ी लज्जा का अनुभव हुआ। महादेवी वर्मा के पास चाँदी का एक कटोरा था, जो उन्हें पुरस्कार में मिला था। उन्होंने उसे स्वराज फंड में दान कर दिया। सुभद्राजी अपने हृदय में हीनभावना महसूस कर रही थीं, लेकिन वे विवश थीं। गांधीजी से उनकी भेंट की सूचना सबको मिल चुकी थी। किसी माध्यम से उनकी आर्थिक स्थिति की बात सुभाषचंद्र बोस तक पहुँची। अतः सुभाषचंद्र बोस ने कुछ सहायता राशि की व्यवस्था करके सुभद्राजी को भिजवाई। ऐसे विकट समय में प्राप्त इस धनराशि से सुभद्रा को बड़ा सहारा मिला।

यह देखने में आता है कि सुभद्रा की रचनाओं में भावुकता का स्थान सर्वोपरि है, किंतु उनकी भावुकता नितांत भावुकता न थी। इस बारे में अप्रैल 1948 के 'हंस' के अंक में गजानन माधव मुक्तिबोध ने वर्णन किया है—

''सुभद्राजी की भावुकता कोरी भावुकता नहीं है, बल्कि बाह्य जीवन पर संवेदनात्मक मानसिक प्रतिक्रियाएँ हैं। यही कारण है कि उनकी कविताओं में भाव मानव-संबंध से, मानव-संबंध विशेष परिस्थिति से और विशेष परिस्थिति सामाजिक राष्ट्रीय परिस्थिति से एक अटूट संबंध-शृंखला में बँधी हुई है। भाव के सारे संदर्भों का निर्वाह उनके काव्य में हो जाता है। इससे उनकी वास्तविक भाव-संपन्नता का और संवेदनशीलता का चित्र हमारे सामने खिंच जाता है।''

अपने जीवन की संवेदनशीलता के इतिहास के प्रति चेतन मनुष्य यह स्वीकार करेगा कि स्वस्थ साधारण मनुष्य की सही चेतना-शैली है। इससे सुभद्राजी की प्रगतिशीलता का, बाह्य परिस्थिति पर संवेदनात्मक प्रतिक्रिया करने की उनकी शक्ति का, व्यावहारिक सामाजिक जगत् में रहनेवाले मनुष्य, जिसमें प्रत्येक मनुष्य रहता है, छायावादी कवि स्वयं रहता है—के भाव-

चरित्र का पता चल जाता है। अतः इससे बड़ी सफलता और क्या हो सकती है कि कोई कवि वास्तविक संवेदनशील मनुष्यता की तसवीर उतारे अथवा अपनी शक्ति के अनुसार अपने स्वयं के भाव-जीवन के द्वारा उसका प्रतिनिधित्व करे? सुभद्राजी की सरल भावमयी शैली की यह सुंदरता है।"

सुभद्राजी की लोकप्रियता और कार्यशैली ने वरिष्ठ राजनीतिज्ञों को भी बहुत प्रभावित किया। इनमें से लौहपुरुष सरदार वल्लभभाई पटेल भी थे। सरदार पटेल ने कांग्रेसी नेताओं के सामने सुभद्राजी को राजनीति में सक्रिय रूप से लाने का प्रस्ताव रखा, जो सहर्ष स्वीकार कर लिया गया। यह वर्ष 1936 की बात है। इस समय प्रांतीय चुनाव होनेवाले थे। जबलुपर में सुरक्षित महिला सीट से सुभद्राजी को चुनाव लड़ाने का विचार बन गया। सरदार पटेल ने सुभद्रा को पत्र लिखकर उनसे आग्रह करके उन्हें चुनाव लड़ने के लिए राजी कर लिया है।

जैसा कि चुनाव-पद्धति में देखा जाता है कि कितना भी सच्चा और देशभक्त क्यों न हो, उसे भी विरोधों का सामना करना पड़ता है। कुछ विरोधियों ने उनके विरुद्ध एक और महिला को चुनाव में उतार दिया, लेकिन प्रथम दृष्ट्या नामांकन जाँच में ही उसका नामांकन रद्द हो गया। उसमें कुछ त्रुटियाँ थीं। परिणाम यह हुआ कि सुभद्रा निर्विरोध निर्वाचित हो गईं। उनकी इस सफलता के साथ ही उनका राजनीतिक जीवन आरंभ हो गया। पहले की अपेक्षा अब उन पर कार्यभार भी बढ़ गया था। व्यस्तता अधिक हो गई थी।

अब सुभद्राजी कांग्रेस की सक्रिय नेता थीं तो कार्यभार बढ़ ही जाना था। लक्ष्मण सिंह जेल से बाहर आ गए थे और वे वकालत के क्षेत्र में उतर गए थे, जिससे घर का खर्च चल सके। यद्यपि उनकी वकालत ठीक से नहीं चल पा रही थी और घर की आर्थिक स्थिति निरंतर खराब होती जा रही थी, लेकिन वे अपने प्रयासों में लगे हुए थे। इसी समय दुर्भाग्य ने अपना रंग दिखाया। सुभद्रा 1939 में पुनः गर्भवती थीं, लेकिन साथ ही उन्हें ट्यूमर भी हो गया। उस वर्ष कांग्रेस का अधिवेशन त्रिपुरा में होना था।

"तुम्हारा स्वास्थ्य ठीक नहीं है।" लक्ष्मण सिंह ने चिंतित स्वर में

कहा, ''ऐसे में लंबी यात्रा करना उचित नहीं होगा।''

''जाना तो होगा। इस बार फिर नेताजी अधिवेशन के अध्यक्ष हैं। और वे सबकी उपस्थिति को आवश्यक मानते हैं।'' सुभद्रा ने अपनी बात रखते हुए कहा।

''लेकिन तुम्हारा स्वास्थ्य भी तो ठीक नहीं है।''

''हिम्मत तो करनी ही पड़ेगी। आप निश्चिंत रहें। अब इतना भी खराब नहीं है मेरा स्वास्थ्य! यह सब तो लगा ही रहता है। आप घबराए नहीं। मैं चली जाऊँगी। ऐसी कठिनाइयों से घबराकर हमें अपने अपने कर्तव्य से पीछे नहीं हटना चाहिए। जहाँ साहस होता है, वहाँ सफलता भी तो होती है।''

''तुम्हारे साहस की जितनी भी प्रशंसा की जाए, उतनी ही कम है।'' लक्ष्मण सिंह गर्व से बोले, ''कई बार मेरा साहस टूट जाता है, लेकिन तुम अद्‍भुत हो। वास्तव में यह मेरा सौभाग्य है कि जो तुम मेरी जीवन-संगिनी बनीं।''

सुभद्रा अपने पति से मिली प्रशंसा पर सदैव ही लजा जाती थीं। उन्होंने कांग्रेस अधिवेशन में भाग लिया। जब सबको यह पता चला कि गंभीर अस्वस्थता के होते हुए भी वे सम्मेलन में आई हैं तो सबने उनके देशप्रेम और समर्पण की प्रशंसा की। अपने कर्तव्य के प्रति उनका यह समर्पण भाव अद्‍भुत और प्रेरणादायी था, जिसे स्वयं सुभाषचंद्र बोस ने भी सराहा। अन्य वरिष्ठ नेताओं ने भी उनकी खूब प्रशंसा की।

अधिवेशन से लौटने के बाद सुभद्राजी का स्वास्थ्य और भी खराब हो गया। लक्ष्मण सिंह ने जैसे-तैसे करके उनका उपचार भी कराया। यह बहुत ही कठिन समय रहा। उनकी आर्थिक स्थिति इतनी खराब होती जा रही थी कि पति-पत्नी असहाय से हो जाते थे, फिर भी सुभद्रा ने अपने पति को साहस एवं धैर्य बनाए रखने को कहा।

□

महिला जेल में

"खूब लड़ी मरदानी वह तो झाँसीवाली रानी थी—कहनेवाली सुभद्राजी ने हिंदी साहित्य-जगत् में लोकप्रियता के साथ-साथ नवजवानों में जोश एवं उत्साह भरने का प्रयास किया। उनकी राष्ट्रीय भावनाओं पर आधारित रचनाओं में झाँसी की रानी, वीरों का कैसा हो बसंत, जलियाँवाला बाग जैसी रचनाएँ प्रसिद्ध हैं। उनकी ये रचनाएँ केवल प्रसिद्ध ही नहीं हैं, बल्कि लोगों की जुबान पर भी रच-बस गई हैं। स्वतंत्रता आंदोलन के दौरान लोगों में इन रचनाओं ने जोश भरने का महत्त्वपूर्ण कार्य किया है।"

—डॉक्टर आर. राज्यलक्ष्मी

द्वितीय विश्वयुद्ध आरंभ हो गया था। विश्व की राजनीति में बड़ी हलचल आरंभ हो गई थी। भारत भी इससे अछूता नहीं रहा। ब्रिटिश सरकार ने भारतीयों से पूछे बिना ही भारत को भी विश्वयुद्ध में झोंक दिया था। प्रथम विश्वयुद्ध के समय कांग्रेस और महात्मा गांधी ने ब्रिटिश शासन का साथ देते हुए भारतीयों को सरकार की हरसंभव सहायता करने का आह्वान किया था, लेकिन द्वितीय विश्वयुद्ध में कांग्रेस ने इसका विरोध किया। कांग्रेस ने अपने द्वारा शासित प्रांतों के सभी मंत्रिमंडलों से त्यागपत्र दे दिया। सुभद्रा कुमारी चौहान ने भी कांग्रेस के इस नियम और आदेश का पालन किया।

सुभद्राजी का स्वभाव बड़ा मिलनसार था। वे किसी भी प्रकार के

भेदभाव को अनुचित मानती थीं। उनका मानना था कि सबको आपस में मिल-जुलकर रहना चाहिए। श्रीमती राज्यश्री दुग्गड़ ने 'वात्सल्यमयी सुभद्रा' नामक लेख में लिखा है—

"सुभद्राजी के समग्र कृतित्व का केंद्रीय भाव प्रेम है। वही प्रेम घर में वात्सल्य और दांपत्य भाव का रूप ले लेता है तो समाज में विद्रोह, आक्रोश और प्रतिकार का रूप धारण कर लेता है। छुआछूत, परदा-प्रथा, स्त्रियों के प्रति उपेक्षा भाव आदि के संदर्भ में यह भाव उग्र हो उठता है। इसका कारण है सुभद्राजी की प्रतिबद्धता। जहाँ प्रेम होता है, वहाँ अपनत्व होता है और जहाँ प्रेम नहीं होता, वहाँ अपेक्षा भाव होता है। जाने दो हमें क्या करना है। आज देश में उपेक्षा भाव ही प्रधान हो रहा है। देशप्रेम कोरी नारेबाजी और दिखावा बनता जा रहा है। वात्सल्य भाव अत्यंत सात्त्विक व फल-निरपेक्ष होता है।

"...आश्चर्य की बात यह है कि सुभद्राजी ने शिशु संबंधी कविताएँ 'बालिका' पर ही क्यों लिखीं—यह शोध का विषय हो सकता है। शायद सुभद्राजी अपनी समकालीन स्त्रियों की दुस्थिति को बदलने तथा स्त्री स्वाभिमान की प्रतिष्ठा की अनजाने ही बात कर रही थीं। शिशु थोड़ा सा बड़ा हो जाता है तो उसकी दौड़-धूप माँ को थका देती है, लेकिन माँ को तो इसमें भी आनंद आता है।"

इसी क्रम में श्रीमती राज्यश्री दुग्गड़ आगे लिखती हैं—

"...सुभद्राजी का वात्सल्य भाव उनकी अनेकानेक कविताओं में व्यक्त हुआ है। अकसर सुभद्राजी के वात्सल्य भाव की परिधि का विस्तार हो जाता है, जिसमें पशु-पक्षी और पेड़-पौधे भी समा जाते हैं।"

तेज गरमी से झुलसते कुत्तों को वे पानी पिलाना और उन पर पानी डालना नहीं भूलती थीं। अपने घर की तुलसी और अन्य पेड़-पौधों को पानी पिलाना उनकी नित्य की दिनचर्या थी। वे पक्षियों के लिए मिट्टी के सकोरे में पानी भरकर रख देती थीं, ताकि भीषण गरमी में उन्हें पानी मिलता रहे। सुभद्राजी के हृदय में हर किसी के लिए प्रेम था। स्नेह था, कर्तव्य-बोध था।

यह प्रेम सहज था, दिखावटी नहीं। उनकी सादगी, उनकी रचनाओं में सर्वत्र झलकती है।

अपनी सहजता में सुभद्राजी की कविताएँ लोककाव्य के निकट पहुँच जाती थीं। वे अपने मन के भावों को बिना सजाए-सँवारे सहज एवं स्वाभाविक रूप में व्यक्त करती हैं। सुभद्राजी में माँ की ममता और आत्मपरितोष है। नारी का सेवाभाव, कर्तव्यबोध और स्वाभिमान है तथा राष्ट्र के प्रति समर्पण है। यह समर्पण भाव ही उन्हें समस्त कष्टों को सहने की शक्ति प्रदान करता है। इन्हीं गुणों ने उन्हें जननायक बनाया।

सुभद्राजी अपने समय से आगे थीं। उनमें ऊँच-नीच और जाति-पाँति को लेकर कोई धारणा नहीं थी। एक बार उनके पड़ोस में विवाह के अवसर पर पंगत पर एक बालिका आकर बैठ गई, जिसके जन्म को लेकर कुछ अपवाद थे। गृहस्वामिनी ने उसे उठा दिया। सुभद्राजी ने उस बालिका को अपने घर लाकर अपने साथ एक ही थाली में खाना खिलाया।

"...उनका मातृ स्वभाव सचमुच बड़ा प्रबल था। उनके यहाँ सारा दिन आनेवालों का ताँता लगा रहता था, जिन्हें वे बड़े प्रेम से खिलाती-पिलाती थीं। उनके आर्थिक विषमता के दिनों में भी हर आनेवाले को जो आत्मिक स्नेह मिलता, उसमें वह तृप्त होकर ही जाता था। यही कारण है कि उनकी कविताएँ और उनका इतर साहित्य भी बालसुलभ सारल्य के मानवीय गुणों से विकसित और अपनी अनलंकृति में अलंकृत है।"

17 अक्तूबर, 1940 को गांधीजी ने पावनार में व्यक्तिगत सत्याग्रह आंदोलन आरंभ कर दिया। इस आंदोलन को 'दिल्ली चलो' आंदोलन के नाम से भी जाना गया। सुभद्राजी ने भी इस आंदोलन में भाग लिया। वे आंदोलन में सत्याग्रहियों का नेतृत्व कर रही थीं। जब वे प्रातःकाल प्रभात फेरी के लिए निकलतीं तो उनके पीछे सैकड़ों लोगों की भीड़ होती थी। वे ओज से भरे गीत गातीं और सार्वजनिक मंच से लोगों का आह्वान करतीं। खराब स्वास्थ्य के बावजूद उनकी निष्ठा अद्भुत थी। दूर-दूर तक उनकी गूँज पहुँच रही थी। गांधीजी भी उनकी प्रशंसा करते न थकते थे।

जब सुभद्रा ने आंदोलन के दौरान गिरफ्तारी देने का मन बनाया तो गांधीजी ने पत्र लिखकर उन्हें मना किया कि वे बाहर ही रहें, क्योंकि बाहर रहकर ही आंदोलन को भली-भाँति गति प्रदान कर सकती थीं। दूसरे उनके स्वास्थ्य का भी गांधीजी ने हवाला दिया कि जेल का वातावरण उनके अनुकूल नहीं है। सुभद्राजी ने गांधीजी की बात मान ली। वास्तव में अत्यधिक व्यस्तता के कारण उनका स्वास्थ्य खराब रहने लगा था।

कुछ दिनों के बाद स्वास्थ्य में सुधार हुआ तो सुभद्रा फिर से आंदोलन में सक्रिय हो गईं। इस बार उन्हें गिरफ्तार कर लिया गया, लेकिन स्वास्थ्य कारणों के चलते उन्हें अगले दिन ही छोड़ दिया गया। सन् 1941 में उन्होंने एक और बेटी को जन्म दिया। अत: कुछ समय के लिए उनकी गतिविधियों पर विराम लग गया था, लेकिन जैसे ही वे स्वस्थ हुईं तो फिर से सक्रिय हो गईं। सत्याग्रह आंदोलन में उन्होंने फिर से जोर-शोर से भाग लिया। इस बार फिर उन्हें गिरफ्तार कर लिया गया और महिला जेल में भेज दिया गया। वहाँ उन्होंने अन्यायपूर्ण अनियमितताएँ देखीं। उन्होंने देखा कि महिला कैदियों को भोजन, वस्त्रादि की सुविधाएँ ठीक प्रकार से नहीं दी जा रही थीं। इस कारण वहाँ कैदी महिलाओं की दशा अत्यंत दयनीय थी। इन सब बातों को देखते हुए सुभद्रा ने जेल-प्रशासन के खिलाफ आवाज उठाई और मानवीय आधार पर सभी सुविधाओं की माँग की।

सुभद्रा की बुलंद आवाज से जेल-प्रशासन घबरा उठा था। सब जानते थे कि सुभद्रा का नेतृत्व लोगों में ओज पैदा कर देता था। जेल के अधिकारी नहीं चाहते थे कि वहाँ भी उन्हें आंदोलन का सामना करना पड़े। पुलिस और प्रशासन ने स्थिति को देखते हुए सुभद्रा समझ गईं कि जेल-प्रशासन ने किस कारण से उन्हें वहाँ से निकालने का मन बनाया था। उन्होंने जेल अधिकारी से मुलाकात की।

''मैं इस प्रकार यहाँ से नहीं जाऊँगी।'' सुभद्रा ने दृढ स्वर में कहा, ''मैं समझ गई हूँ कि आप लोग किस कारण मुझे छोड़ रहे हैं।''

''देखिए, आप पर कोई आरोप सिद्ध नहीं हुआ है। अत: न्यायालय ने

आपको छोड़ने का आदेश सुनाया है। हम लोग तो नियमों से बँधे हैं।''

''कहाँ हैं नियम! इस जेल में तो अनियमितता का ही बोलबाला है। यहाँ मानवता नाम की कोई चीज ही नहीं है। स्त्रियों के प्रति ऐसा दुर्व्यवहार! क्या आप लोगों के हृदयों में संवेदना नहीं है! क्या आपके घरों में महिलाएँ नहीं हैं! क्या कैदी होने का अर्थ यह है कि उनकी मूलभूत आवश्यकताओं से भी मुँह फेर लिया जाए?''

''हम आपकी बात समझ रहे हैं।'' जेल अधिकारी ने गंभीरता से कहा, ''आप अपना माँगपत्र हमें सौंपिए और विश्वास रखिए कि हम उन सुधारों को लागू करने में कोई कमी नहीं छोड़ेंगे। हम नारी का सम्मान करते हैं और स्वयं चाहते हैं कि उन्हें उनकी सभी सुविधाएँ मिलें।''

''फिर परेशानी क्या है? आप अधिकारी हैं। जब आप चाहेंगे तो इनकी दयनीय दशा में सुधार हो ही जाएगा।''

''यह आपका भ्रम है। वास्तविकता यह है कि इस व्यवस्था में अंतिम रूप से हम ही नहीं हैं, फिर भी आपकी बात में किसी हद तक तो सच्चाई है ही, लेकिन हम भी नियमों से बँधे हैं। हम आपकी माँग को आगे ले जाएँगे और जो भी संभव होगा, करेंगे।''

सुभद्रा ने महिला कैदियों की ओर से एक लिखित रूप से माँगपत्र जेल अधिकारी को सौंपा और जल्दी ही उसपर विचार तथा अमल करने का निवेदन किया, जब वे जेल से बाहर आईं। इसमें कोई संदेह नहीं कि वे अपने विचारों से महिला कैदियों में जागरूकता पैदा कर चुकी थीं। यही नहीं, उन्होंने इन महिलाओं को उनके अधिकारों के प्रति सजग भी कर दिया था।

□

आर्थिक संकट में धैर्य

"सुभद्राजी में लिखने की अपनी अलग ही प्रतिभा थी। सुभद्राजी का राष्ट्रीय काव्य हिंदी में बेजोड़ है। इसका कारण यह भी था कि उन्होंने राष्ट्रीय आदर्श को जीवन में समाया हुआ देखा था। राष्ट्रीय संग्राम में भाग लेनेवाली कवयित्री सुभद्रा का राष्ट्रीय काव्य जीवन-प्रसंगों की भूमिका को लेते हुए मानवीय हो गया है। सुभद्राजी के काव्य में भावों के बहुत गहरे रंग नहीं हैं, लेकिन भावों में बहुत गहराई है। सुभद्राजी का काव्य अपने समय के छायावादी काव्यधारा से बिलकुल अलग-अलग अपने आपमें एक आदर्श वाला है, जो चेतना-जाग्रत् में एक नारी के रूप में रहकर साधारण नारियों की आकांक्षाओं और भावों को व्यक्त करता है। उनके लिखने का ढंग अत्यंत सरल, सहज अकृत्रिम और स्पष्ट है।"

—श्रीमती वनिता व्यास

सन् 1942 में गांधीजी ने असहयोग आंदोलन आरंभ कर दिया था। अगस्त में भारत छोड़ो आंदोलन की शुरुआत हुई थी। देश भर में 'अंग्रेजो, भारत छोड़ो' के नारे गूँज रहे थे। सुभद्राजी के नेतृत्व में भी सैकड़ों-हजारों देशभक्त इस आंदोलन में कूद पड़े थे। इस समय आर्थिक दृष्टि से सुभद्राजी की हालत अत्यंत दयनीय थी। दरिद्रता ने उन्हें अपने बंधन में जकड़ा हुआ था। पारिवारिक कठिनाइयों के बीच देशसेवा चल तो रही थी, लेकिन स्थिति विचारणीय थी।

"सुभद्रा! इस प्रकार एकाग्रचित्त होकर कार्य करना संभव नहीं है।" लक्ष्मण सिंह ने चिंतित स्वर में कहा, "इस दरिद्रता का प्रभाव हमारे बच्चों के भविष्य पर पड़ेगा। मेरी वकालत भी ठीक प्रकार से नहीं चल रही। देश के हालात ऐसे हो रहे हैं कि वकालत पर भी निर्भर नहीं रहा जा सकता। मेरी समझ में तो कुछ भी नहीं आ रहा है।"

"आप सही कह रहे हैं। स्थिति सच में गंभीर है और घर में फैली यह दरिद्रता हमारे बच्चों के लिए घातक सिद्ध हो सकती है। यदि यों ही सब चलता रहा तो हम बच्चों का उचित पालन-पोषण नहीं कर सकेंगे।"

"वही तो मैं भी कह रहा हूँ। अब यदि आय का कोई स्थायी स्रोत बने तो तभी हम अपने बच्चों को अच्छा भविष्य दे सकते हैं।"

"आप ही कुछ विचार कीजिए।"

"देश के हालात देखते हुए किसी नौकरी की तो कोई आशा ही नहीं। ऐसे में खेतीबाड़ी ही एकमात्र विकल्प रह जाता है।"

"उसके लिए जमीन की भी तो आवश्यकता है।"

"हाँ, खंडवा में तो कुछ शेष रहा ही नहीं।"

"आप एक काम कीजिए। मेरे पास जो गहने हैं, उन्हें बेचकर कुछ जमीन खरीद लीजिए। यह स्थायी स्रोत भी है और अचल-संपत्ति भी।"

"गहने!" लक्ष्मण सिंह का गला रुँध गया, "नहीं, यदि गहनों को बेच दिया गया तो फिर बनवा पाना संभव न हो सकेगा।"

"देखिए, गहने-जेवरात ऐसे विकट समय में ही तो काम आते हैं और आप चिंतित क्यों होते हैं! गहने इतने महत्त्वपूर्ण नहीं हैं, जितना महत्त्वपूर्ण हमारे बच्चों का भविष्य है। अतः इन्हें अपने बच्चों के भविष्य के लिए उपयोग में लेने हेतु कोई बुराई नहीं है।"

इस तरह सुभद्रा ने अपने सभी गहने लक्ष्मण सिंह को सौंप दिए। ऐसा करके उस त्यागमयी और ममतामयी नारी ने अपने दायित्व का निर्वाह किया। उन गहनों को बेचकर लक्ष्मण सिंह ने कुछ जमीन खरीद ली और कृषिकार्य में जुट गए।

इसी बीच सुभद्रा को हरियाणा के पलवल में एक जनसभा को संबोधित करने का अवसर मिला। उन दिनों सरकार ने इस तरह के आयोजनों पर प्रतिबंध लगा रखा था, जिनमें राष्ट्रीय हितों पर भाषण दिए जाते थे। आजादी के दीवाने देशभक्त ऐसे प्रतिबंधों की कहाँ परवाह करते थे! बिना किसी डर के सुभद्रा पलवल पहुँच गईं। रेलवे स्टेशन पर उतरते ही उन्होंने वहाँ की मिट्टी को नमन किया। कभी इसी स्टेशन पर महात्मा गांधी को गिरफ्तार किया गया था। सुभद्रा के पलवल आने की सूचना पाकर सैकड़ों-हजारों स्त्री-पुरुष उस काव्यमूर्ति के दर्शन करने हेतु उमड़ पड़े थे। सभास्थल तक पहुँचते-पहुँचते सुभद्रा ने लोगों के मुख से 'झाँसी की रानी' कविता सुनी। वे लोगों का प्रेम देखकर भावविभोर हो गईं। आज उन्हें अपने कवित्व पर गर्व हो रहा था।

दूसरी ओर पुलिस भी सतर्क थी। उसे सभा को स्थगित कराने के लिए सभी प्रकार के प्रयास करने का आदेश मिला था। जब सुभद्रा का ओजस्वी भाषण आरंभ हुआ तो हजारों कंठों से 'वंदेमातरम्' का स्वर गूँज उठा। पुलिस ने भाँप लिया कि यह आयोजन उनके हित में नहीं है। अत: सभास्थल को चारों ओर से घेर लिया गया।

"यह सभा अनधिकृत है।" पुलिस अधिकारी ने कड़क आवाज में कहा, "आप सभी लोगों से यह अपील है कि आप अपने घरों को लौट जाएँ। इस गैरकानूनी सभा को अभी स्थगित कर दिया जाए, अन्यथा हमें पुलिसबल का प्रयोग करना पड़ेगा।"

"वंदेमातरम्!" प्रत्युत्तर में हजारों कंठों से यही गगनभेदी नारा गूँजा।

पुलिस ने भीड़ को तितर-बितर करने के लिए अश्रुगैस के गोले छोड़े, जिससे चारों ओर कोहराम मच गया। लोग इधर-उधर भागने लगे। तभी एक गोला उस जगह आकर गिरा, जहाँ सुभद्राजी भाषण दे रही थीं।

सुभद्राजी का स्वास्थ्य पहले ही खराब चल रहा था। वे मंच पर ही गिर पड़ीं। लोगों ने उन्हें सँभाल लिया और मंच से नीचे उतार लिया। उनके इस प्रकार गिरने से लोगों में आक्रोश फैल गया, जिससे हिंसक प्रदर्शन होने की संभावना बढ़ गई।

''कोई भी भाई-बहन हिंसा का सहारा न ले।'' सुभद्रा ने क्षीण स्वर में कहा, ''हम लोग एकता और राष्ट्रीयता का भाव दिखाने के लिए एकत्र हुए हैं, न कि शक्ति-प्रदर्शन के लिए। मेरी सबसे यही अपील है कि सभी गांधीजी के मार्ग का अनुसरण करें और शांति से अपने-अपने घरों को लौट जाएँ।''

लोगों पर सुभद्रा की बात का व्यापक प्रभाव पड़ा और छिटपुट विरोध के साथ ही शांति से आयोजन स्थगित कर दिया गया। गैरकानूनी सभा आयोजित कराने का आरोप सुभद्रा पर लगाकर पुलिस उनकी गिरफ्तारी की तैयारी करने लगी। जबलपुर पुलिस को उनके घर की तलाशी का आदेश मिल गया था। जिस समय वे पलवल में थीं, उसी समय उनके घर की तलाशी हो रही थी। इस बारे में उन्हें सूचना मिल चुकी थी। इससे उनकी चिंता बढ़ गई थी। उन्हें अपने परिवार की चिंता सताने लगी थी। लक्ष्मण सिंह को भी गिरफ्तार कर लिया गया था। ऐसे में बच्चों की देखभाल कौन करे! यह प्रश्न अब उनके सामने आ खड़ा हुआ था।

सुभद्रा के सामने यह बड़ी कठिन परिस्थिति थी। यह तो पक्का अंदेशा था कि उन्हें जल्दी ही गिरफ्तार कर लिया जाएगा। अत: वे ऐसी कोई व्यवस्था करना चाहती थीं, जिससे बच्चों की देखभाल होती रहे। बहुत सोच-विचार के बाद उन्हें मार्ग सूझ गया। उन्होंने सीधे घर न जाकर 'इंडियन एक्सप्रेस' पत्र के प्रतिनिधि रामानुजलाल श्रीवास्तव से मुलाकात की।

''बहनजी!'' श्रीवास्तव गंभीरता से बोले, ''इस समय आप पर बड़ा संकट है। पुलिस आपकी खोजबीन में जुटी हुई है।''

''श्रीवास्तव साहब! मुझे गिरफ्तार होने का डर नहीं है। स्वतंत्रता के इस यज्ञ में मेरे प्राण भी चले जाएँ तो कोई बात नहीं। बस मेरी चिंता का विषय मेरे बच्चे हैं। मेरे पति भी इस समय जेल में हैं। ऐसे में बच्चों की देखभाल की समस्या है। और दूसरी बात यह कि हमारी आर्थिक स्थिति भी ठीक नहीं है।''

''मैं जानता हूँ। आप मेरे योग्य कोई सेवा बताइए।''

''मैं अपनी गिरफ्तारी से पहले अपने बच्चों की उचित व्यवस्था करना

चाहती हूँ। मैं चाहती हूँ कि आप मेरी किताब के सर्वाधिकार खरीद लें और जो भी उचित लगे, उतना धन मुझे दे दें।''

''बहनजी! आपकी पुस्तक तो अनमोल हैं, फिर भी मैं व्यावहारिक रूप से आपका प्रस्ताव स्वीकार करता हूँ। मैं आपकी किताब को ढाई सौ रुपए में खरीद लूँगा।''

''आपका बहुत-बहुत धन्यवाद श्रीवास्तवजी! मुझ पर एक और उपकार करें।''

''आदेश करें बहनजी!''

''हम पति-पत्नी तो पता नहीं कितने समय तक के लिए जेल में रहेंगे, ऐसे में बच्चों की देखभाल कौन करेगा, यह मेरे लिए चिंता का विषय है। मुझे आपसे बड़ी आशा है।''

''आप जो कहना चाहती हैं, निःसंकोच होकर कहें।''

''आप जो ढाई सौ रुपए दे रहे हैं, उनमें से सवा सौ रुपए आप रख लीजिए और मेरे बच्चों के संरक्षक बन जाइए। आपका यह उपकार मैं जीवन भर याद रखूँगी।'' सुभद्रा ने गंभीर स्वर में कहा।

''इसमें उपकार कैसा बहनजी! जब आप देश के लिए इतना कर रही हैं तो क्या मैं इतनी सी भी सेवा नहीं कर सकता। आप बिल्कुल चिंता न करें। आपके बच्चे मेरे बच्चों की तरह ही मेरी देखभाल में रहेंगे।''

''धन्यवाद! आपने मेरी बहुत बड़ी चिंता दूर कर दी। अब मैं आराम से अपना कार्य कर सकूँगी। आपका यह सहयोग मुझे सदैव याद रहेगा।''

इस तरह रामानुजलाल श्रीवास्तव ने ढाई सौ रुपए देकर सुभद्रा से उनकी किताब के स्वत्वाधिकार खरीद लिये। सुभद्रा ने उनमें से सवा सौ रुपए श्रीवास्तव को वापस कर दिए। शेष सवा सौ रुपए लेकर वे निश्चिंत भाव से घर आ गईं। घर पर सभी बच्चे उदास थे। बड़ी बेटी सुधा, बेटा और नन्ही बिटिया—सभी के चेहरों पर उदासी छाई हुई थी।

''माँ! आप आ गईं। मुझे बहुत डर लग रहा था।'' सुधा ने कहा।

''अरे, डर किस बात का और क्यों? तू हमारी बहादुर बेटी है।''

सुभद्रा ने सुधा के सिर पर हाथ फेरते हुए कहा।

"पिताजी को पुलिस पकड़कर ले गई। पड़ोसी कह रहे थे कि आपको भी पुलिस पकड़ने के लिए आएगी। मुझे बहुत डर लग रहा था। नन्ही भी बहुत रो रही थी।"

"अरे, इसमें डरनेवाली क्या बात है! क्षत्रिय बेटियाँ कहीं डरती हैं। तूने तो सुना ही है कि लक्ष्मीबाई कितनी बहादुर थीं। उनकी तरह बनो बिटिया और डरो बिल्कुल नहीं। इस प्रकार डरोगी तो कैसे चलेगा। अब तू समझदार हो गई है और तुझे अपने भाई-बहन को हौसला देना चाहिए।"

"ठीक है माँ!" सुधा हिम्मत के साथ बोली, "मैं अब बिल्कुल न डरूँगी।"

"मेरी अच्छी बिटिया! अब मेरी बात बड़े ध्यान से सुनो। मुझे जेल जाना पड़ेगा और कुछ दिन वहाँ रहना भी होगा, तब तक तुम अपने भाई-बहन का अच्छी तरह ध्यान रखना। ये कुछ रुपए हैं। इन्हें घर का खर्च चलाने के लिए अपने पास रखो।"

"माँ, क्या हम यहाँ अकेले ही रहेंगे?"

"श्रीवास्तवजी तुम्हें अपने साथ अपने घर ले जाएँगे। अब तुम बड़ी हो गई हो, समझदार भी हो और शिक्षित भी। मिल-जुलकर अच्छी तरह रहना। अब कुछ दिनों के लिए परिवार की जिम्मेदारी तुम्हारे कंधों पर है। यह कठिन समय अवश्य है, लेकिन हिम्मत से काम लेनेवाले सब तरह की कठिनाइयों का सामना कर लेते हैं। अत: किसी भी परिस्थिति में घबराना बिल्कुल नहीं।"

"नहीं माँ! मैं बिल्कुल नहीं घबराऊँगी।" सुधा ने अपनी माँ को विश्वास दिलाते हुए दृढता से कहा।

"शाबास! मेरी बहादुर बिटिया!"

उसी समय एक पड़ोसी युवक दौड़ता हुआ आया।

"पुलिस आ रही है। लगता है, आपके घर आने की सूचना उसे मिल चुकी है। आप तत्काल ही यहाँ से चली जाएँ।" युवक ने हाँफते हुए बताया।

''कोई बात नहीं, आने दो। अब कोई चिंता नहीं रही। हमने कोई अपराध थोड़े ही किया है। यह तो देशप्रेम की सजा है, जो हर भारतीय के लिए गौरव की बात है। सुधा बिटिया! अब जाने का समय आ गया है। तुम भली प्रकार से अपने भाई-बहन की देखभाल करना।'' सुभद्रा ने सुधा को एक बार फिर समझाते हुए कहा।

''ठीक है माँ!'' यह कहते हुए सुधा की आँखों से आँसुओं की अविरल धारा बहने लगी।

''अरे, तू तो अभी से रो रही है। यह अच्छी बात नहीं है बिटिया! तुम तो मेरी बहादुर बिटिया हो, फिर इतनी कमजोर क्यों हुई जा रही हो?'' इतना कहकर सुभद्रा ने अपने बच्चों को गले लगा लिया और उनकी पीठ थपथपाकर उन्हें साहस दिया।

कुछ देर पश्चात् दरवाजे पर पुलिस आ धमकी। पुलिस को देखकर सुभद्रा के मुख पर चिंता जैसी कोई बात नहीं थी, बल्कि उनके होंठों पर मुसकराहट तैर रही थी। वे जानती थीं कि पुलिस उन्हें ढूँढ़ती हुई जल्दी ही उनके घर पर आ धमकेगी, इसीलिए अपनी गिरफ्तारी को लेकर वे पहले से ही तैयार थीं।

''हमारे पास आपकी गिरफ्तारी को लेकर आदेश-पत्र है।'' पुलिस अधिकारी ने कहा।

''मुझे पता था कि आप जल्दी ही मुझे गिरफ्तार करने के लिए आएँगे। चलिए, यह हम जैसे देशभक्तों के लिए कोई नई बात नहीं है।'' सुभद्रा ने कहा, ''जब अन्याय अपने चरम पर होता है तो इससे शासन के पतन का संकेत मिलता है। हम भारतीय इस अन्याय का प्रतिकार तब तक करते रहेंगे, जब तक न्याय की व्यवस्था नहीं हो जाती।''

इन अंग्रेज पुलिसवालों में कुछ भारतीय भी थे, जो यह सुनकर लज्जित थे।

सुभद्रा साहस एवं वीरता की प्रतिमूर्ति थीं। उनके साहस ने अन्य महिलाओं को भी प्रेरणा दी। उन्हें गिरफ्तार कर जेल भेज दिया गया। जेल में पहले की

अपेक्षा इस बार कुछ सुधार देखने को मिल रहे थे, जो सुभद्रा ने अन्य सुविधाओं के लिए भी माँग की। उनका साथ देने के लिए अन्य महिला कैदी भी उनके साथ थीं। जेलर ने फिर से वही हालात देखे तो वह परेशान हो उठा।

"आप अकारण ही जेल में अशांति का वातावरण बनाने पर तुली हुई हैं।" जेलर ने कहा, "आप देख ही रही हैं कि पहले की अपेक्षा जेल में सुविधाओं का विस्तार हुआ है। हम स्वयं भी इस दिशा में प्रयासरत हैं। आप कृपा करके जेल में ऐसी स्थिति उत्पन्न करने का प्रयास न करें, जिससे जेल में विद्रोह पनपे।"

"जेलर साहब! हम सब लोग अपने अधिकार चाहते हैं। जिसे आप अशांति कहते हैं, वह अन्याय के खिलाफ उठी आवाज है। जेल में ही नहीं, बल्कि जेल के बाहर भी हम भारतीय न्याय के लिए लड़ाई लड़ रहे हैं। हम भी शांति का वातावरण चाहते हैं, लेकिन न्याय की स्थापना के साथ।"

"देखिए, हम आपके विचारों का सम्मान करते हैं और आपका सहयोग भी करते हैं, फिर भी कुछ नियम ऐसे हैं, जिनसे हम बँधे हैं। अतः ऐसे में आप हमारा सहयोग करें।"

सुभद्राजी यह भली-भाँति जानती थीं कि जेलर भी कुछ नियमों से बँधा हुआ है। जेलर एक सहृदय व्यक्ति था। अतः सुभद्रा ने उसे यह आश्वासन दिया कि वे जेल में शांति भंग करने जैसा कोई कार्य नहीं करेंगी, लेकिन साथ ही उन्होंने यह भी कहा कि प्रशासन को भी अपने दायित्वों को समझना होगा।

□

करारा जवाब

''साहित्य-जगत् में आज जिस सीमा तक व्यक्तिगत स्पर्धा, ईर्ष्या, द्वेष है, उस सीमा तक तब नहीं था। यह सत्य, लेकिन एक-दूसरे के साहित्य, चरित्र और स्वभाव संबंधी निंदा पुराण तो सब युगों में नानी की कथा के समान लोकप्रियता प्राप्त कर लेता है। अपने किसी भी परिचित-अपरिचित साहित्य-साथी की त्रुटियों के प्रति सहिष्णु रहना और उनके गुणों के मूल्यांकन में उदारता से काम लेना सुभद्राजी की निजी विशेषता थी। अपने को बड़ा बनाने के लिए दूसरों को छोटा प्रमाणित करने की दुर्बलता उनमें असंभव ही थी।''

—महादेवी वर्मा

जिस जेल में लक्ष्मण सिंह थे, उस जेल का एक अधिकारी उनसे प्रभावित था।

''चौहान साहब! हमें आश्चर्य होता है कि आप लोग कैसे अपने परिवार को भी भूलकर देशसेवा में लगे हुए हैं।'' अधिकारी ने प्रशंसात्मक शब्दों में कहा, ''सुना है कि आपकी पत्नी भी जेल में हैं तो फिर ऐसे में बच्चों की देखभाल कौन करता होगा?''

''हमारे देश में जो जागरण हुआ है, वह आपको स्पष्ट संकेत करता होगा कि हम भारतीय अब एक होकर एक-दूसरे के सुख-दु:ख में साथ-साथ हैं।

अत: बच्चों की चिंता करने की आवश्यकता का तो प्रश्न ही नहीं बनता।''

''यह बात तो सही है, लेकिन फिर भी व्यावहारिक दृष्टि से देखा जाए तो माता-पिता में से कोई एक तो बच्चों के पास रहना ही चाहिए। यदि आप कहें तो मैं आपकी पत्नी को जेल से रिहा कराने का प्रयास करूँ।''

''आप किस प्रकार उसे रिहा करा सकते हैं?''

''यह कोई बहुत कठिन कार्य नहीं है। यदि आपकी पत्नी क्षमा माँग लें और यह आश्वासन दें कि वे भविष्य में सरकार विरोधी आयोजन में भाग नहीं लेंगी तो उन्हें रिहा किया जा सकता है।'' अधिकारी ने मुसकराते हुए कहा।

''आप मेरी पत्नी को नहीं जानते। वह याचना में नहीं, बल्कि न्याय में विश्वास करती है। उसे अपने सिद्धांतों से हटाना असंभव है।''

''लेकिन बच्चों के लिए थोड़ा समझौता करने में बुराई ही क्या है?''

''बच्चे देश से बढ़कर नहीं हैं।''

''एक बार आप अपनी पत्नी से बात करके तो देख लें। हो सकता है कि आपकी पत्नी इस प्रस्ताव को मान लें।''

''नहीं, ऐसा बिल्कुल भी नहीं हो सकता। इस प्रकार का कोई भी प्रयास करना बेकार ही होगा।''

''यह आपके ही हित की राय है।''

''हमें ऐसी राय स्वीकार नहीं। हमारा लक्ष्य देशसेवा है और इस लक्ष्य से हम रत्ती भर भी नहीं डिगनेवाले।''

''जैसी आपकी इच्छा!''

''राय देने के लिए धन्यवाद!''

इसके बाद अधिकारी वहाँ से चला गया, लेकिन उसके दिमाग में लक्ष्मण सिंह की एक-एक बात कौंधती रही। उसे विश्वास नहीं हो रहा था कि एक माँ इतनी बड़ी देशभक्त हो सकती है। उसने सुभद्राजी को आजमाने का विचार बना लिया। अत: उसने लक्ष्मण सिंह की ओर से सुभद्राजी को एक पत्र लिखकर भेजा—

प्रिय सुभद्रा,

कैसा कठिन समय है कि हम दोनों ही जेल में बंद हैं। घर पर बच्चों को कितनी परेशानी हो रही होगी, इसकी कल्पना से भी भय लगता है। तुम तो माँ हो। तुम्हारी ममता की छाँव बच्चों के लिए अधिक आवश्यक है। मेरा सुझाव है कि तुम सरकार से क्षमादान लेकर घर चली जाओ और बच्चों की देखभाल करो।

—लक्ष्मण सिंह चौहान

अधिकारी ने यह पत्र महिला कारागार में भिजवा दिया और फिर उसके उत्तर की प्रतीक्षा करने लगा। उसे आशा थी कि सुभद्राजी उस सुझाव को आदेश मानकर क्षमादान माँग लेंगी और फ़िर वह लक्ष्मण सिंह को दिखाएगा कि जिस पत्नी पर उन्हें गर्व था, वह माँ के रूप में कितनी कमजोर है।

जब सुभद्राजी को वह पत्र मिला तो वे भौंचक्की रह गईं। उन्हें अपने पति से ऐसी आशा नहीं थी। उनके स्वाभिमान को चोट पहुँचानेवाली बात उनके पति कैसे कह सकते थे। उन्होंने क्रोधावेश में उत्तर लिखा—

ठाकुर साहब,

चरण स्पर्श!

आपका पत्र मिला। मुझे आपसे ऐसे निराशा भरे सुझाव की आशा नहीं थी। प्रतीत होता है कि यह आपके अंदर पुरुष-दंभ है, जो एक नारी की सहनशीलता की परीक्षा ले रहा है या फिर आपके अंदर का पिता विचलित हो रहा है, जो बच्चों के लिए चिंतित है। आपकी यह चिंता विचित्र नहीं है, स्वाभाविक है। अत: इस चिंता को देखते हुए क्षमादान आपको ही माँग लेना चाहिए और घर चले जाना चाहिए।

—सुभद्रा कुमारी चौहान

यह पत्र उसी अधिकारी के पास आया। जब उसने इसे पढ़ा तो उसका सिर श्रद्धा से झुक गया। उसकी सारी आशंका धूमिल हो गई। अब वह

आत्मग्लानि महसूस कर रहा था। उसने लक्ष्मण सिंह के पास जाकर अपने किए पर क्षमा माँगी।

"ठाकुर साहब! मैं क्षमाप्रार्थी हूँ। मुझसे बड़ी भूल हो गई।"

"अरे, क्या हुआ? आप इस प्रकार क्षमा क्यों माँग रहे हैं?" लक्ष्मण सिंह ने अचंभित स्वर में पूछा।

"दरअसल, उस दिन आपकी पत्नी की रिहाई के संबंध में आपसे जो बातें हुई थीं, उन्हें लेकर मैं आश्वस्त नहीं था। मैं सोच रहा था कि एक माँ इतनी दृढ नहीं हो सकती कि अपने बच्चों के लिए थोड़ा समझौता न कर सके। बस यही सोचकर मैंने आपकी ओर से उन्हें पत्र लिखा, जिसमें मैंने उन्हें ऐसा ही सुझाव दिया।"

"श्रीमान! आपने उचित नहीं किया।" लक्ष्मण सिंह चिंतित स्वर में बोले, "वे मुझसे ऐसी आशा नहीं कर सकतीं और आपने…।"

"उनका उत्तर मुझे मिल गया है।"

"मुझे मालूम है कि उसमें क्या लिखा होगा। सुभद्रा ने गुस्से में यही उत्तर लिखा होगा कि यदि बच्चों की इतनी ही अधिक चिंता है तो फिर स्वयं ही क्षमा माँगकर चले जाओ।"

"हाँ, बिल्कुल यही लिखा है।" अधिकारी आश्चर्यचकित होते हुए बोला, "आपका विश्वास जीत गया। मुझे तो यह सोच-सोचकर ही बड़ी हैरानी हो रही है।"

"इसमें हैरानी कैसी! भारतीय पति-पत्नी के बीच ऐसा ही विश्वास होता है। एक-दूसरे को भली-भाँति जानते हैं। आदतों, सिद्धांतों और स्वभाव की समझ रखते हैं। आप इस भारतीय दांपत्य जीवन को नहीं समझ सकते।"

"ठाकुर साहब! सच में यह माननेवाली बात है कि आप पति-पत्नी के बीच अद्भुत सामंजस्य है। आपकी पत्नी के लिए सिर श्रद्धा से झुक जाता है तो आपके लिए सम्मान और भी बढ़ गया है। मेरी गलती के लिए आप मुझे क्षमा कर दें।"

"कोई बात नहीं। इसी बहाने आपने भारतीय संस्कृति की एक झलक तो देखी।"

''मैंने सुना है कि आपकी पत्नी को ट्यूमर है।''

''हाँ, आपने ठीक ही सुना है।'' इस प्रश्न पर लक्ष्मण सिंह उदास हो गए, ''फिर भी भारतमाता की वह वीरांगना नारी अपने कर्तव्य-पथ पर अविचलित बढ़ती जा रही है। उसके अंदर एक प्रखर कवयित्री है तो साथ ही वह अटल देशभक्त भी है। वह एक माँ भी है और एक पत्नी भी। इतने सारे दायित्वों का निर्वाह करने में भी उसका समन्वय दर्शनीय है।''

''देखिए, मुझसे जो गलती हुई है, मैं उसका प्रायश्चित्त करना चाहता हूँ। मुझे यह अनुमति अवश्य दें।''

''कैसी अनुमति?''

''मैं आपकी पत्नी के लिए रिहाई के न्यायिक प्रयास करना चाहता हूँ और मेरा प्रायश्चित्त तभी पूरा होगा।''

''आपके प्रयास न्याय पर आधारित हों तो आपका स्वागत है, लेकिन याद रखिए कि हम दया नहीं चाहते।''

''मैं आपकी बात समझता हूँ।'' अधिकारी ने कहा।

इसके पश्चात् उस अधिकारी ने सुभद्रा कुमारी की रिहाई के लिए न्यायोचित प्रयास करने आरंभ कर दिए। उसके प्रयास सफल भी हुए और सन् 1943 में सुभद्रा को जेल से रिहा कर दिया गया।

घर लौटकर सुभद्रा ने अपने बच्चों को सँभाला। घर की स्थिति तो पहले से ही दयनीय थी और जैसे-जैसे करके घर का खर्च चल रहा था। ऊपर से सुभद्रा को एक और चिंता सता रही थी। उनकी बड़ी बेटी सुधा अब विवाह योग्य हो चुकी थी। सुधा 18 वर्ष की हो चुकी थी और तत्कालीन समाज में लड़कियों का विवाह इस आयु से पूर्व ही कर दिया जाता था, लेकिन पिछले कई वर्षों से देशसेवा के कार्यों में व्यस्त रहने के कारण सुभद्राजी इस ओर ध्यान ही नहीं दे पाईं। ऊपर से घर की आर्थिक स्थिति भी ऐसी नहीं थी कि विवाह का कार्य शीघ्रता से संपन्न हो जाता, लेकिन अब यह कार्य उनके लिए अति आवश्यक था।

□

एक और कर्तव्य

"सुभद्राजी का काव्य हमारे गौरवमयी इतिहास की शौर्य-गाथाओं और राष्ट्रीय एवं सांस्कृतिक वैभव से भरपूर है। सुभद्राजी के कार्य में देव-वंदना और राष्ट्र-वंदना मिलकर एक हो गई। देव-पूजा, अर्चना, भक्ति और आराधना मातृवेदना बन गए। उनकी अनेक कविताओं में सामाजिक एवं आर्थिक विषमता तथा धर्म-जातिगत भेदभावों के प्रति आक्रोश व्यक्त हुआ है। दहेज और परदा-प्रथा आदि का भी उन्होंने जीवन तथा कविता में विरोध किया।"

—डॉक्टर रमेश कुमार जाधव

अपनी बड़ी बेटी सुधा के विवाह को लेकर सुभद्रा कुमारी बहुत चिंतित थीं और यही चिंता उनके लिए एक बड़ी समस्या बन गई थी। इस विषय में उन्होंने बहुत सोच-विचार किया और इस नतीजे पर पहुँचीं कि उन्हें अपने परिचितों एवं मित्रों से सहायता लेनी चाहिए। इसी आशय से संबंधित एक पत्र उन्होंने अपने पति लक्ष्मण सिंह को भी लिखा—

ठाकुर साहब,

चरण स्पर्श!

अब जबकि मैं घर पहुँची तो अपनी बेटी सुधा को देखा, जो अब विवाह के योग्य हो चुकी है। इससे पहले हमने इस बारे में नहीं सोचा था, लेकिन अब समय आ गया है। हमें माता-पिता के मुख्य कर्तव्य का निर्वाह

करना होगा। देश की सेवा हमारा लक्ष्य है, लेकिन माता-पिता के रूप में भी हमारे ऊपर एक जिम्मेदारी है। हमारी बेटी पराया धन है और जिसका भी है, उसे सौंपने का यह उचित समय है। यद्यपि हमारी आर्थिक स्थिति ऐसी नहीं है कि हम आनन-फानन में बेटी का विवाह कर सकें, फिर भी हमें प्रयास तो करने ही होंगे।

संसार में अभी भी सहृदयी सज्जनों की कमी नहीं है, ऐसा मेरा विश्वास है। आपका साथ ही मेरी हिम्मत है और इस हिम्मत के सहारे में इस कार्य को सफल करने का प्रयास कर रही हूँ। मैंने अपने परिचितों व मित्रों से इस संबंध में पत्र-व्यवहार किया है और आशा है कि शीघ्र ही कहीं से सार्थक उत्तर मिलेगा। आपके बिना कुछ अधूरा सा महसूस हो रहा है, लेकिन आप सदैव ही मेरे साथ हैं। मुझे आशीर्वाद दें कि मैं इस कार्य में सफल हो सकूँ और आपके कर्तव्य को भली-भाँति पूरा कर सकूँ। जैसे ही कोई समाचार मिलेगा, आपको सूचना दूँगी। आपको अपनी बेटी के कन्यादान के लिए आना होगा। मुझे आपकी प्रतीक्षा रहेगी।

—सुभद्रा कुमारी चौहान

लक्ष्मण सिंह को जब यह पत्र मिला तो वे भावुक हो उठे। यह कैसी विडंबना थी उन देशभक्तों की कि उन्हें अपनी पुत्री के विवाह के लिए नाना प्रकार की समस्याओं का सामना करना पड़ रहा था। सुभद्रा कुमारी ने अपने परिचितों व मित्रों से पुत्री के विवाह के संबंध में सहयोग माँगा था। इस संबंध में सुधा चौहान ने 'जैसा जीवन जिया' नामक लेख में लिखा है—

"सन् 1942 के भारत छोड़ो आंदोलन में सुभद्रा और लक्ष्मण सिंह दोनों गिरफ्तार हो गए थे। जेल में सुभद्रा का स्वास्थ्य बहुत बिगड़ गया और लगभग 9-10 महीने पश्चात् उन्हें अस्पताल में भरती करके उनके ऑपरेशन की तारीख तय करने के बाद उन्हें रिहा कर दिया गया। सुभद्रा जेल से तो मुक्त हुईं, लेकिन जर्जर स्वास्थ्य के एक दूसरे बंदीगृह में कैद हो गईं।"

लक्ष्मण सिंह अभी भी सुदूर दक्षिण में बेलूर जेल में बंदी थे। तभी

1944 में सागर से लौटते हुए प्रेमचंद के पुत्र अमृतराय जबलपुर आए। सुभद्रा अपने जर्जर स्वास्थ्य, बंदी पति और अनिश्चित भविष्य के कारण अपनी बेटी के विवाह के लिए चिंतित थीं। तभी संयोगवश अमृतराय ने उनके सामने सुधा के विवाह के लिए प्रस्ताव रखा। बेटी के विवाह की चिंता अपनी जगह थी, यह बात सही है तो भी सुभद्रा के लिए यह एक बहुत बड़ा निर्णय था। विशेष कर उस समय, जब उनके पति जेल में थे और इसका सारा उत्तरदायित्व उन्हीं के ऊपर आनेवाला था।

कुछ दिनों के आत्मसंधान के बाद उन्होंने इस विवाह के लिए अपनी स्वीकृति दे दी। दैवयोग से इसके कुछ दिन बाद ही सुभद्रा की बीमारी के कारण लक्ष्मण सिंह दस दिन की पैरोल पर छूटकर घर आए। इसी बीच उनकी अमृतराय से मुलाकात हुई और उन्होंने भी इस संबंध के लिए अपनी सहमति दे दी।...इस तरह का अंतरजातीय विवाह विशेषकर सामाजिक निषेधों से जकड़े हुए मध्यवित्त परिवार के लिए बहुत बड़ा क्रांतिकारी कदम था, लेकिन एक बार निश्चय कर लेने के बाद सुभद्राजी को कोई भी धमकी या आतंक उससे डिगा नहीं सकता था।

परिवार के कुछ सदस्य शादी में शामिल हुए और कुछ नहीं। जेल से ही लक्ष्मण सिंह ने कच्चे सूत की दो मालाओं के रूप में आशीर्वाद भेज दिया, लेकिन इस विवाह में उत्साह और सहयोग देनेवालों की कोई कमी नहीं थी। सुभद्रा कुमारी चौहान की बेटी का विवाह प्रेमचंद के बेटे से हो रहा था। लेखकों में अधिकांश घराती और बाराती भी थे। कितनों का ही तो दोनों घरों से आत्मीय संबंध था। तीन वर्ष से घर का कर्ताधर्ता पुरुष जेल में बंद था। जब बाहर भी था तो वकालत की आकाशवृत्ति का ही एकमात्र सहारा था।

सुभद्रा कुमारी का यह विश्वास सत्य सिद्ध हुआ कि संसार में सहृदयी सज्जनों की कोई कमी नहीं है। उनकी बेटी का रिश्ता मुंशी प्रेमचंद जैसे महान् कथाकार एवं सामाजिक क्रांतिकारी के साथ जुड़ गया था। यह सुभद्रा कुमारी के लिए अपार हर्ष और बड़े सौभाग्य की बात थी। अपने पति लक्ष्मण सिंह को यह शुभ समाचार भिजवाकर उन्होंने इसके लिए अनुमति माँगी थी।

लक्ष्मण सिंह को जब यह समाचार मिला तो उन्हें अतीव प्रसन्नता हुई। उन्हें यह मानने में कोई संकोच नहीं हो रहा था कि यदि आज मुंशी प्रेमचंद जैसे मूर्धन्य कथाकार से संबंध जुड़ रहा है तो यह केवल सुभद्रा की कवित्व-क्षमता का ही पुरस्कार है। उन्होंने अपने शुभचिंतक पुलिस अधिकारी को यह शुभ समाचार सुनाया।

''आज मेरी पत्नी ने अपने विश्वास से जो चमत्कार कर दिखाया है, उसे मैं ईश्वर की कृपा कहूँ या पत्नी की विलक्षण योग्यता।'' लक्ष्मण सिंह गर्व से कह रहे थे, ''एक पिता के रूप में जो कर्तव्य-भार मुझ पर था, उसे सुभद्रा ने अपने सिर पर उठा लिया है।''

''आपकी बातों से लगता है कि कोई शुभ समाचार है।'' अधिकारी ने कहा।

''हाँ, यही बात है। मेरी पुत्री विवाह योग्य हो चुकी थी। हमारी आर्थिक स्थिति तो किसी से छिपी नहीं है। उसके विवाह की चिंता दिन-प्रतिदिन हमें खाए जा रही थी, लेकिन अब यह चिंता दूर हो गई है। हमारी पुत्री का संबंध साहित्य-सम्राट् मुंशी प्रेमचंद के पुत्र के साथ स्थापित हो गया है और यही मेरे लिए सबसे बड़ी प्रसन्नता की बात है।''

''ठाकुर साहब! आप बहुत भाग्यवान् हैं, जो आपको ऐसी प्रतिभावान् जीवनसंगिनी मिली। मुंशी प्रेमचंद भारतीय साहित्य-जगत् में सूर्य की भाँति प्रदीप्त हैं। उनसे संबंध जोड़ना तो गौरव की बात है।''

''हाँ, आप सत्य कहते हैं।'' लक्ष्मण सिंह चौहान ने सुकून की एक लंबी साँस ली और आसमान की ओर मुँह करके धीरे से बोले, ''विधाता के लेख को कोई नहीं जान सकता। वह जो करता है, ठीक ही करता है। प्रभु! तेरा कोटि-कोटि धन्यवाद!''

''अपने प्रभु का धन्यवाद करने के साथ-साथ अपनी पत्नी का भी धन्यवाद करो लक्ष्मण सिंह। जिसकी सूझ-बूझ से आपकी एक बहुत बड़ी समस्या का समाधान अत्यंत सरलता से हो गया।''

''हाँ, निश्चय ही!'' लक्ष्मण सिंह गंभीरता से बोले, ''वास्तव में सुभद्रा

मेरे जीवन में आने के बाद सदैव मेरी समस्याओं को अपने ऊपर लेती रही है। मेरे लिए वह धन्यवाद की नहीं, श्रद्धा की पात्र है।'' यह कहते हुए लक्ष्मण सिंह की आँखों में प्रेम, श्रद्धा और विश्वास की एक चमक जगमगा उठी।

अपनी पुत्री के विवाह के शुभ अवसर पर लक्ष्मण सिंह चौहान स्वयं तो उपस्थित नहीं हो सके, किंतु प्रिय पुत्री को उन्होंने अपना आशीर्वाद अवश्य भेज दिया। सुधा के विवाह के ये क्षण साहित्य-जगत् के लिए ठीक वैसे ही थे, जैसे काव्य और कथा का मिलन होता है। जहाँ मुंशी प्रेमचंद कथा-साहित्य के महान् सृजनहार थे, वहीं सुभद्रा कुमारी काव्य-कला की अद्‌भुत सृजनहार थीं। विवाह की मधुर वेला आई। विद्वान् पंडित द्वारा वर-वधु के लिए मंत्रोच्चारण किए गए और उपस्थित जनों ने वर-वधु के भावी जीवन के सुखमय भविष्य की कामना करते हुए स्नेहाशीष दिए, फिर पुत्री की विदाई हुई।

यह 1946 का समय था। सुभद्रा कुमारी अब स्वयं को कुछ हलका महसूस कर रही थीं। पुत्री अपने गृहस्थ-जीवन में चली गई थी और उन्हें इस बात की बड़ी प्रसन्नता थी कि उनकी पुत्री को एक अच्छा परिवार मिला था। अब वे देशसेवा के लिए स्वतंत्र थीं, लेकिन उनका स्वास्थ्य था कि उनका साथ नहीं दे रहा था। ट्यूमर ने उन्हें अंदर से खोखला कर दिया था, फिर भी उनकी ऊर्जा अपना कार्य कर रही थी। खराब स्वास्थ्य के बावजूद वे अपने कार्यों में व्यस्त थीं। जनजागरण के कार्यों के साथ उनका लेखन-कार्य भी जारी था।

सुभद्रा कुमारी ने समाज में फैली अनेक कुरीतियों को दूर करने के लिए भी कार्य किए थे। इनमें परदा-प्रथा, दहेज-प्रथा और अछूतोद्धार जैसे अनेक कार्य थे, जिनमें वे सक्रिय थीं। उनमें छुआछूत की भावना का जरा भी भाव न था। इस संबंध में सुधा चौहान ने 'जैसा जीवन जिया' नामक लेख में वर्णन किया है—

''सुभद्रा के मन में छुआछूत की भावना बिल्कुल भी न थी। जबलुपर में मेहतरों की हड़ताल हुई। यह बात बिल्कुल अलग है कि उस समय प्रांत में कांग्रेस की सरकार थी और सुभद्रा विधानसभा की कांग्रेस सदस्या थीं।

सुभद्रा की सहानुभूति मेहतरों के साथ थी, क्योंकि उनकी समझ में मेहतरों की माँग न्यायपूर्ण थी और सरकार ने उस माँग को न मानकर उन पर अत्याचार किया था। सुभद्रा की राजनीति का उत्स भी उनके साहित्य के समान हृदय ही था। अतः इस हड़ताल में उनकी सारी सहानुभूति मेहतरों के साथ थी और जब सहानुभूति थी तो उसमें छिपाना क्या?''

पुलिस हड़ताली मेहतरों को गिरफ्तार कर रही थी और गिरफ्तारी के सिलसिले में डंडे का आतंक जमाने को उनके हंडिया-पुरवा फोड़ रही थी और उनकी झोंपड़ियों को धराशायी कर रही थी। सुभद्रा उन डरे-सहमे बच्चों, स्त्रियों व बूढ़ों के पास जाती थीं, उनकी हिम्मत बँधाती थीं और साथ में उनकी दु:ख-कथा सुनकर रो भी लेती थीं। जब उनके घर में बैठकर वे उनका सुख-दु:ख सुनती थीं तो उस समय मेहमान की खातिरदारी में पेश किए गए पीतल के गिलास में चाय भी निस्संकोच पी लेती थीं।

···एक बार सुभद्रा के घर विधानसभा के एक हरिजन सदस्य आकर ठहरे। वे हाईस्कूल एजूकेशन बोर्ड के सदस्य भी थे। जबलपुर के स्कूली किताबों के एक प्रकाशक ने, जो संयोग से ब्राह्मण थे, उन्हें अपने घर भोजन के लिए आमंत्रित किया। वह प्रकाशक महोदय उन हरिजन विधायक का समुचित आदर-सत्कार करना चाहते थे, क्योंकि परोक्ष रूप में वे उनके अन्नदाता भी थे, लेकिन उनका छुआ खाकर वे अपनी जाति नहीं खो सकते थे। अंत में उनकी बुद्धि ने उपाय ढूँढ़ लिया। जमीन पर अलग-अलग पीढ़े बिछाने का काम किया गया। थालियाँ चौके से परोसकर आ गईं और बीच-बीच में महाराज आकर जो चीज घटी (कम) दिखाई देती, उसे थाली में डाल जाता था। भूल से भी कभी एक-दूसरे से छू जाने की आशंका न रही।

दूसरे दिन की बात है कि सुभद्रा के घर महाराजिन काम पर नहीं आई थी। वे चौके में बैठी खाना पका रही थीं और उनके बच्चे वहीं बैठकर खा रहे थे। इतने में वे सज्जन हरिजन किसी काम से वहाँ से निकले। सुभद्रा बोलीं, 'आओ भाई! गरम-गरम भोजन खाना हो तो तुम भी आ जाओ।' वहीं बच्चों के साथ उनकी थाली लगा दी गई। वे सज्जन खाते-खाते रो पड़े।

यत्नसाधित सौहार्द तो उन्हें बहुत मिला था, लेकिन इस सरल आत्मीयता ने उनके मन को बहुत गहरे छू लिया। उनकी सदियों से पीड़ित-अपमानित मानवता द्रवित हो उठी।

सुभद्रा का यह समदृष्टिवाला भाव ऊँच-नीच तक ही सीमित नहीं था। अमीर-गरीब जो भी उनके घर आता, समान रूप से आत्मीय सत्कार पाता था। चाय के समय जो भी पहुँच जाता, वह कवि हो या लेखक हो, वकील हो या डॉक्टर हो और बढ़ई या धोबी हो, सभी के लिए चाय का गरम प्याला तैयार रहता। वे भीतर के बरामदे में बैठकर चाय बनाती रहतीं। कोई पास में ही मचिया या पीढ़ा लेकर बैठ जाता, कोई कोट-पतलूनधारी कहीं से एक कुरसी खींच लाता और कोई दरवाजे की देहरी पर ही बैठकर चाय पी लेता।''

सुभद्रा कुमारी का व्यक्तित्व इतना प्रभावशाली था कि जो भी उनके संपर्क में आता था, वह उनसे प्रभावित हुए बिना नहीं रहता था। यही कारण था कि उनके मित्रों की संख्या अनगिनत थी। लगभग सभी पड़ोसियों के साथ उनका मैत्रीभाव था। वे जिससे भी मिलती थीं, बड़े स्नेहभाव से मिलती थीं। सुधा चौहान ने 'जैसा जीवन जिया' लेख में वर्णन करते हुए लिखा है—

''सुभद्रा की मित्रता का क्षेत्र समानधर्मा पढ़े-लिखे प्रबुद्ध लोगों तक ही सीमित नहीं था। ऐसी घर-गृहस्थ स्त्रियाँ, जिनके लिए पति अपनी संतान और चूल्हा ही सबकुछ था तथा उसके बाहर न उन्होंने कुछ देखा था और न ही देखना चाहती थीं, उनसे भी उनका सखीभाव हो जाता था। उनके पड़ोस में पुलिस के एक बड़े बाबू रहते थे। वे पुलिस के बड़े बाबू और ये जेल जानेवाले कांग्रेसी, लेकिन उन बड़े बाबू की पत्नी से उनकी बड़ी मित्रता थी। बड़े बाबू के कई बच्चे पैदा होने के कुछ दिन बाद ही मर गए। उनकी पत्नी बहुत दुखी थीं। उन्होंने सुभद्रा से कहा कि अब उनका जो बच्चा पैदा होगा, उसे सुभद्रा मोल ले लें। सुभद्रा ने उसे मोल केवल प्रतीकात्मक ले लिया। संयोग की बात कि वह बच्चा तो जिया ही, उसके जो बच्चे पैदा हुए, वे भी जिए।''

''सुभद्रा के पड़ोस में एक संधी नाम का परिवार रहता था। संधीजी की पत्नी सुभद्रा की ही समवयस्का थीं। सुभद्रा को उनसे इतना स्नेह था कि एक

दिन में एक बार चाहे कुछ मिनट के लिए ही सही, वे उनसे मिलती जरूर थीं। वे अकसर रात में टहलने के लिए निकलती थीं और पाँच-सात मिनट उनसे मिलकर लौट आती थीं। यों घर से बाहर निकले बिना उन्हें चैन भी नहीं मिलता था। घर की सारी खरीद-फरोख्त भी तो वे ही किया करती थीं। पड़ोस में भी यदि किसी को कुछ मँगवाना होता तो उनकी सेवा इस काम के लिए सदैव प्रस्तुत रहती थी। शायद खर्च करना उन्हें बहुत अच्छा लगता हो।

"अपने घर की सीमित आय में उनका यह शौक कभी पूरा नहीं हो पाया। कभी-कभी अपूर्ण आकांक्षाओं के बहाव में आकर कुछ निराशा में तो कुछ मजाक के स्वर में कह देती थीं कि मुझे तो कहीं की रानी होना था, लेकिन जिस तरह का खुला उनका हाथ था, यदि उनका राजपाट भी होता तो वह भी अधिक दिनों तक टिक नहीं पाता। अपनी कविता या कहानी लिखने की कॉपी में या डायरी में वे बीच-बीच में टाँक लिया करती थीं कि अब मैं उधर कपड़ा नहीं खरीदूँगी। बाद में यह प्रतिज्ञा दृढतर होती गई कि अब मैं कपड़ा भी नहीं खरीदूँगी। यदि आदमी अपनी सदिच्छाओं को आचरित कर सकता और अपनी प्रतिज्ञाओं पर दृढ रह सकता तो फिर इतना ही क्यों रोता रहता? कोई कपड़ा बेचनेवाला, बरतन बेचनेवाला यानी कैसा भी फेरीवाला एक बार उनके सामने पहुँच भर जाए, फिर वहाँ से वह बिना बोहनी के कभी नहीं लौटता था।"

सुभद्रा कुमारी को खरीद-फरोख्त का बहुत शौक था। एक बार बस बाजार क्या चली गईं कि वे वहाँ से कुछ-न-कुछ खरीदकर ही लौटती थीं। इसके लिए उन्हें बहाना भर चाहिए होता था, फिर वे निकल पड़ती थीं बाजार के लिए। इस बारे में इसी क्रम को आगे बढ़ाते हुए सुधा चौहान ने आगे लिखा है—

"बाजार जाने के लिए उनको कोई बहाना भर चाहिए था और बाजार जाने के लिए सबसे अच्छी सवारी रिक्शेवाले को दो-चार आने ज्यादा दे देने से मेरा कोई नुकसान नहीं होगा, लेकिन उसके लिए यही बहुत होगा। उनके पति को रिक्शे की सवारी से आपत्ति थी और वे इसे अमानुषिक समझते थे।

इसके विपरीत सुभद्रा का कहना था कि यदि सब लोग ऐसा ही सोचने लगें तो इतने लोगों की रोजी कैसे चलेगी!''

सुभद्रा कुमारी बड़ी मिलनसार थीं। उनसे किसी का दु:ख-दर्द देखा नहीं जाता था। यदि किसी को उनकी सहायता की आवश्यकता पड़ती थी तो वे सहायता करने के लिए हमेशा तैयार रहती थीं। उनमें किसी भी प्रकार की भेदभाव की भावना थी ही नहीं और जब तक वे जीवित रहीं, तब तक अपने सिद्धांतों-नियमों का पालन करती रहीं। यद्यपि उनका संपूर्ण जीवन संघर्षों से ही भरा रहा, लेकिन फिर भी उन्होंने अपने जीवन में जैसा सामंजस्य स्थापित किया था, वह वास्तव में प्रशंसनीय है। इस संबंध में उनकी प्रिय सखी महादेवी वर्मा ने 'पथ के साथी' में वर्णन किया है—

''घर के और कारागार के बीच में जीवन का जो क्रम विवाह के साथ आरंभ हुआ था, वह अंत तक चलता रहा। छोटे बच्चों को जेल के भीतर और बड़ों को बाहर रखकर वे अपने मन को कैसे संयत रख पाती थीं, यह सोचकर ही विस्मय होता है। कारागार में जो संपन्न परिवारों की सत्याग्रही माताएँ थीं, उनके बच्चों के लिए बाहर से न जाने कितना मेवा-मिष्टान्न आता रहता था। सुभद्राजी को आर्थिक परिस्थितियों में जेल-जीवन का 'ए' और 'सी' क्लास समान ही था।''

वर्ष 1946 में राजनीतिक परिप्रेक्ष्य में बहुत से ऐसे संकेत मिलने लगे थे, जिनसे भारत की स्वतंत्रता स्पष्ट होती जा रही थी। 20 फरवरी, 1946 को देश भर में वायुसेना के लगभग 5,000 सैनिकों ने सरकार के विरोध में हड़ताल कर दी। इसका देशव्यापी प्रभाव पड़ा। ये सभी भारतीय सैनिक थे, जो अंग्रेज और भारतीय सैनिकों में समानता के आधार पर व्यवहार की माँग कर रहे थे। इस विद्रोह से उत्साहित होकर और प्रेरणा पाकर नौसेना ने भी 19 फरवरी को आई.एन.एस. तलवार जहाज पर आजाद हिंद फौज के बिल्ले लगाकर समानता के अधिकार की माँग की थी।

यह देश भर में पूर्ण जनजागरण की स्थिति थी, जिसे ब्रिटिश सरकार ने भली-भाँति भाँप लिया था और अब उसे अपना शासन जबरन बनाए रखने

में अनेक कठिनाइयों का सामना करना पड़ रहा था। सरकार ने कैबिनेट मिशन योजना का प्रस्ताव कांग्रेस और मुसलिम लीग के सामने रखा, जिसे स्वीकार कर लिया गया। इसके पश्चात् संविधान सभा के निर्माण के लिए चुनाव हुए। कांग्रेस ने 214 स्थानों में से 205 स्थानों पर जीत हासिल की तो मुसलिम लीग ने भी 78 में से 73 स्थानों पर जीत हासिल की। इस तरह कहा जा सकता है कि यह महापरिवर्तन का समय था और इससे स्पष्ट संकेत मिल रहा था कि अब देश की जनता स्वशासन चाहती है। ब्रिटिश सरकार भी समझ रही थी कि अब भारत में जनजागरण हो चुका है और अब उसे स्वराज देना ही उचित होगा।

साहित्य जगत् ने इन संकेतों को शुभ जानकर प्रसन्नता व्यक्त की और अपनी रचनाओं में भावी स्वराज का स्वागत करते हुए देश के नवनिर्माण की रूपरेखा को चित्रित किया। सुभद्रा कुमारी तो जैसे इसी समय की प्रतीक्षा कर रही थीं। वे अत्यंत प्रसन्न थीं। उन्होंने समस्त देशवासियों को इसके लिए शुभकामनाएँ दीं।

□

स्वतंत्रता की वेला

"सुभद्राजी हिंदी की कवयित्रियों में अपना विशिष्ट स्थान रखती हैं। उनकी रचनाओं में स्त्री-प्रकृति और मातृ-हृदय का अच्छा चित्रण मिलता है। उनके काव्य में एक ओर नारी की सहज भावुकता एवं कोमलता दिखाई देती है तो दूसरी ओर क्षत्राणियों का तेज भी झलकता है।"

—डॉक्टर दुर्गेश नंदिनी

2 सितंबर, 1946 को जवाहरलाल नेहरू के नेतृत्व में कांग्रेस ने अंतरिम सरकार का गठन किया। 26 अक्तूबर को मुसलिम लीग भी इसमें शामिल हो गई। यह विजय का पर्व था। देश भर में खुशियाँ मनाई जा रही थीं। ये खुशियाँ तब और भी द्विगुणित हो गईं, जब 20 फरवरी, 1947 को इंग्लैंड के प्रधानमंत्री लॉर्ड क्लीमेंट एटली ने घोषणा की कि ब्रिटिश सरकार जून 1948 तक भारत की प्रभुसत्ता भारतीयों को सौंप देगी। भारत की स्वतंत्रता का स्वागत तो सभी कर रहे थे, लेकिन बुद्धिजीवी साहित्यिक वर्ग में इस स्वतंत्रता की कीमत विभाजन की टीस थी। मुसलिम लीग 1940 में ही पृथक् मुसलिम राष्ट्र का प्रस्ताव ला चुकी थी। साहित्य-समाज विभाजन नहीं चाहता था, लेकिन राजनीतिक स्तर पर सभी तैयारियाँ हो चुकी थीं।

अंतत: 4 जुलाई को ब्रिटिश संसद् में भारतीय स्वतंत्रता विधेयक का प्रस्ताव प्रधानमंत्री एटली ने प्रस्तुत किया, जिस पर गंभीरता से चर्चा की गई

अैर 18 जुलाई को इसे स्वीकार कर लिया गया। इस विधेयक में ब्रिटिश कूटनीति की झलक स्पष्ट दिखाई दे रही थी। भारत को स्वतंत्रता तो मिली, लेकिन विभाजन के रूप में। अखंड भारत विखंडित हो गया था। भारत के दो टुकड़े हो गए थे। भारत और पाकिस्तान के नाम से दो देशों को स्वतंत्र देश घोषित कर दिया गया। 15 अगस्त, 1947 को सभी आवश्यक औपचारिकताओं के पश्चात् भारत स्वतंत्र हो गया।

साहित्यकारों ने इस सुप्रभात का अपने शब्दों में स्वागत किया।

इस समय सुभद्रा कुमारी अस्वस्थ थीं, लेकिन इस शुभ अवसर पर उनकी स्फूर्ति देखते ही बनती थी। वे प्रतिदिन की भाँति प्रभात फेरी के लिए गईं। आज उनके होंठों पर स्वतंत्रता का स्वागत-गान था। स्वतंत्र भारतीयों की एक लंबी पंक्ति उनके पीछे-पीछे एक स्वर में गा रही थी। बड़ा अद्‌भुत दृश्य था। लक्ष्मण सिंह जेल से बाहर आ गए थे। दोनों ने मिलकर एक सभा का आयोजन किया और स्वतंत्रता-गान की युगल प्रस्तुति दी।

आजाद भारत में अब सुभद्रा कुमारी का काव्य-लेखन सुंदरतम हो रहा था। वे भारतीयों को अपने लेखों व कविताओं के माध्यम से सामाजिक क्षेत्र में सुधार के लिए प्रेरित कर रही थीं। उनका कहना था कि अभी अंग्रेज गए हैं, लेकिन उनकी अंग्रेजियत का प्रभाव दूर करने के लिए वैचारिक स्वतंत्रता की आवश्यकता है।

हर्षोल्लास की इस वेला में सुभद्रा कुमारी और लक्ष्मण सिंह दोनों ने एक-दूसरे को बधाई दी।

''सुभद्रा, स्वतंत्रता की बधाई हो!''

''आपको भी स्वतंत्रता की बहुत-बहुत बधाई!''

''इस स्वतंत्रता के सुप्रभात का आगमन कितना धवल है, सुभद्रा! रोज की अपेक्षा आज वातावरण में शांति है। यदि आज उल्लास के स्वर गूँज रहे हैं तो यह उन कोटि-कोटि भारतीयों के हैं, जिन्होंने इस स्वतंत्रता की प्राप्ति के लिए अपना सर्वस्व न्योछावर कर दिया।''

''हाँ, यह देश उन वीर बलिदानियों का सदैव ऋणी रहेगा।''

"इसका श्रेय गांधीजी को जाता है, जिन्होंने इस देश की सोई हुई जनता में चेतना जगाने का कार्य किया है।"

"अरे हाँ, गांधीजी के नाम से याद आया कि तुम बहुत दिनों से कह रही थीं कि गांधीजी के आश्रम में कुछ समय बिताना है।"

"हाँ, सोच तो रही थी। स्वास्थ्य-लाभ के लिए जलवायु-परिवर्तन भी आवश्यक है और फिर गांधीजी के सान्निध्य में रहकर ज्ञान की भी प्राप्ति होगी।"

"तो फिर इसमें सोच-विचार कैसा, वर्धा आश्रम चली जाओ।"

"आपकी अनुमति है?"

"अब स्वतंत्र देश में किसी को किसी से अनुमति लेने की कोई आवश्यकता नहीं है।"

"आप मजाक कर रहे हैं, जबकि भली प्रकार जानते हैं कि हमें अंग्रेजों ने जो स्वतंत्रता सौंपी है, वह अधूरी है। अभी देश कुछ ऐसी कुप्रथाओं के शिकंजे में जकड़ा हुआ है, जिन्हें हटाना अत्यंत आवश्यक कार्य है।"

"समय का पहिया जब चलेगा तो देखना, हमारा देश एक दिन अवश्य ही गांधीजी के सपनों का भारत बन जाएगा। निश्चय ही अभी बहुत कुछ सुधारना शेष है, परंतु हमारे नीति-नियंता भी पूरी तरह संकल्पबद्ध प्रतीत होते हैं। सरदार पटेल जैसे कुशल संगठनकर्ता, नेहरूजी जैसे प्रखर राजनीतिज्ञ ऐसा करने की पूरी क्षमता रखते हैं।"

"आप ठीक ही कहते हैं।" सुभद्राजी सहमति से सिर हिलाते हुए धीरे से बोलीं, किंतु देश की प्रगति हेतु राष्ट्रीय नेतृत्व के साथ ही भारत के जन-जन को कदम-से-कदम मिलाकर आगे बढ़ना होता, अन्यथा आजादी का अवमूल्यन होते देर न लगेगी।"

"हाँ, वास्तव में...।" लक्ष्मण सिंह गंभीरता से बोले, "ईश्वर करे, सब अच्छा ही हो। हम अपने देश और देशवासियों के सुखद भविष्य की कामना करते हैं।"

प्रत्युत्तर में सुभद्राजी ने भी मौन रहते हुए हाथ जोड़कर आकाश की

ओर दृष्टि उठाई, जैसे वे भी परमात्मा से भारत के सुखद भविष्य की प्रार्थना कर रही हों।

एकाएक लक्ष्मण सिंह ने विषय परिवर्तन किया, ''अरे हाँ, यह विचार-विमर्श तो चलता ही रहेगा। अब तुम वर्धा जाने की तैयारी करो।''

''लेकिन अभी तो गांधीजी से भेंट नहीं हो सकेगी।''

''क्यों?''

''आजकल वे बहुत व्यस्त हैं।'' सुभद्राजी ने हास्य-भाव से कहा, ''आपने अनुमति दे दी है तो अब मैं शीघ्र ही वर्धा जाऊँगी।''

स्वतंत्रता मिलने के बाद सुभद्रा कुमारी और भी अधिक व्यस्त हो गई थीं। लगातार कठिन संघर्ष करते रहने के कारण उनका स्वास्थ्य अंदर-ही-अंदर जर्जर होता जा रहा था। खराब स्वास्थ्य के बावजूद वे अपनी गतिविधियों में व्यस्त थीं। इस विषय में 'जैसा जीवन जिया' नामक लेख में सुधा चौहान ने लिखा है—

''स्वाधीनता मिलने के बाद उनका कार्यक्रम कुछ कम व्यस्त हो गया हो, ऐसी बात नहीं थी। जो सामाजिक कार्य पहले थे, वे अभी भी जैसे-के-तैसे बने हुए थे। अपनी सरकार बन जाने के बाद एक नए तरह का काम और शुरू हो गया था। किसी को स्कूल या कॉलेज में प्रवेश नहीं मिल रहा हो, वह उनके पास दौड़ा चला आता था। किसी को मकान बनाने को लोहे का परमिट चाहिए था तो किसी को नौकरी पाने के लिए उनकी पैरवी की आवश्यकता थी और इस तरह के दसियों काम हर समय निकलते ही रहते थे। कोई दूसरा व्यक्ति होता तो इस तरह बहुत से गैर-जरूरी कामों को टाल भी सकता था, लेकिन सुभद्रा के लिए किसी दूसरे का काम टालना संभव ही नहीं होता था। उनके बच्चे या उनके पति कभी उन्हें टोकते कि तुम्हारी तबीयत खराब है, इतनी जल्दी थक जाती हो तो फिर तुम क्यों कोई आया नहीं कि उसके साथ उसका काम कराने चल देती हो? इसका उनके पास एक ही जवाब था, 'बेचारा! इतनी मुसीबत में पड़कर तो मेरे पास आया है। अब अगर मैं भी इनकार कर दूँगी तो उसे कितना दु:ख होगा।'

"उनके पास काम से आया व्यक्ति निराश न लौट जाए, इसलिए जब उनका सिरदर्द एक गोली से ठीक नहीं होता था तो वे दो गोलियाँ खाने लगीं। जब दो से भी ठीक नहीं होता था तो तीन गोली तक की भी नौबत आ जाती थी। जब घर के लोग उनके सिरदर्द की गोलियाँ छिपाकर रखने लगे तो उन्होंने खुद अपनी गोलियाँ अलग-अलग जगहों में छिपाकर रखनी शुरू कर दीं। यदि वे स्वयं अपने गिरते स्वास्थ्य को अनुभव करती थीं तो भी शायद उन्हें इसका अंदाजा नहीं था कि वे अंदर-ही-अंदर कितनी ज्यादा बीमार और अशक्त हैं और उनके घरवालों को तो उन्हें साधारण रूप में चलते-फिरते, हँसते-बोलते देखकर जरा भी अंदाजा नहीं था कि वास्तव में उनका स्वास्थ्य कितना जर्जर हो चुका है।"

सुभद्रा कुमारी के लिए किसी के भी काम को इनकार करना बहुत ही कठिन था। वे हमेशा दूसरों की मदद के लिए तैयार रहती थीं। इस विषय में सुधा चौहान ने एक घटना का वर्णन इस प्रकार किया है—

"एक बार अपने किसी परिचित के लड़के की नौकरी के सिलसिले में वे उन्हीं की मोटर से नागपुर जा रही थीं। नागपुर पहुँचने को कोई 50-60 मील बचे होंगे कि उनकी नाक से खून बहने लगा। नकसीर फूटी थी। अंदर की कोई नस फट गई थी। पता नहीं बीच जंगल में कोई क्या करता। जो भी उपाय उन लोगों से बना, किया; लेकिन नाक से खून का गिरना बंद न हुआ। नागपुर पहुँचने पर उन्हें सीधे अस्पताल में भरती कर दिया गया और जैसे ही वे इस लायक हुईं कि यात्रा कर सकें, वापस जबलपुर आ गईं।'

"उनकी बीमारी का समाचार उनके वापस आने से पहले ही उनके घर पहुँच गया था और उनके बच्चों और लक्ष्मण सिंह ने तय कर लिया था कि अब उनसे जबरदस्ती आराम करवाया जाएगा। उनका रक्तचाप बहुत बढ़ गया था और तब तक बढ़े रक्तचाप की कोई विशेष दवा नहीं निकली थी, सिवाय आराम और खाने-पीने के। ज्यादा चाय पीने पर संयम तो आसानी से हो गया, लेकिन आराम उनसे कोई नहीं करवा सका, वे बड़ी मुश्किल से दो-तीन दिन घर से बाहर नहीं निकलीं। एक-दो दिन तक वे बिस्तर पर

लेटी रहीं और फिर उन्होंने विद्रोह कर दिया कि मैं बिस्तर पर लेटकर नहीं रह सकती। अगर बिस्तर पर लेटकर ही जीना है तो इससे अच्छा है कि मैं मर ही जाऊँ।

''सुभद्रा अपनी पुरानी दिनचर्या पर लौट आई थीं, लेकिन उनका सिरदर्द इतना बढ़ गया था कि अब दो-तीन गोलियों का भी कोई असर नहीं होता था। जब वे सिरदर्द से बेचैन हो जातीं तो वे कुछ देर के लिए बिस्तर पर लेट जाती थीं, नहीं तो बाकी समय हँसती-बोलती या मित्रों से मिलती--जुलती दिखाई पड़ती थीं।''

अन्य भारतीयों की तरह सुभद्रा कुमारी और लक्ष्मण सिंह भी स्वतंत्रता के स्वागत में फूले न समा रहे थे, लेकिन विभाजन के रूप में मिली यह स्वतंत्रता कुछ ही दिनों में रक्तरंजित होने लगी थी। हिंदू-मुसलिम के बीच मतभेद इतने गहरे हो गए थे कि युद्धरहित स्वतंत्रता आपसी वैमनस्य की आग में झुलसकर लहूलुहान हो रही थी। देश भर में अस्थिरता का माहौल बना हुआ था। चारों ओर लोग एक-दूसरे को मारकाट रहे थे। गांधीजी की अपीलें भी हिंसात्मक आवाजों में दब गई थीं। गृहयुद्ध जैसी स्थिति पैदा हो गई थी। कांग्रेस की ओर से शांति स्थापित करने के प्रयास किए जा रहे थे, लेकिन सांप्रदायिकता का यह रूप अकल्पनीय था। प्रबुद्ध- वर्ग चीत्कार कर उठा। सुभद्रा कुमारी का हृदय यह सब देख खून के आँसू रोने लगा। उन्होंने आशा नहीं की थी कि यह दिन भी देखने में आएगा।

अभी यह स्थिति सँभल पाती कि देश को एक बड़ा आघात लगा। 30 जनवरी, 1948 को नाथूराम गोड़से नामक एक व्यक्ति ने गांधीजी की गोली मारकर हत्या कर दी। सारा देश इस घटना से सन्न रह गया। गांधीजी की हत्या की खबर ने पूरे देश में भूचाल ला दिया। गांधीवादी समाज तो जैसे पाषाणमूर्ति ही बनकर रह गया। किसी को सहज विश्वास नहीं हो रहा था कि अब गांधीजी उनके बीच नहीं रहे।

जब सुभद्रा कुमारी को गांधीजी की हत्या की सूचना मिली तो उन्हें बहुत दुःख हुआ। इस सूचना ने उन्हें अंदर तक झकझोरकर रख दिया।

गांधीजी की मृत्यु से वे बहुत आहत थीं। सुधा चौहान ने 'जैसा जीवन जिया' लेख में वर्णन करते हुए लिखा है—

"जनवरी 1948 की बात है। देश का विभाजन अंगच्छेद के समान दुखदाई था और अब उसकी पीड़ा हिंदू-मुसलिम दंगों के रूप में यहाँ-वहाँ सब जगह फैल रही थी। इस समय बहुतों का जीवन-स्वप्न छिन्न-भिन्न हो रहा था तो फिर गांधीजी, जो इस पूरे स्वाधीनता अभियान के सूत्रधार थे, उनके मनस्ताप की तो कोई सीमा ही नहीं थी। वे अकेले ही इस वैमनस्य की आग को बुझाने के लिए निकल पड़े थे। अपने बाप-दादों के घर-द्वार को छोड़कर, अपने वतन को छोड़कर जब पूरे-के-पूरे काफिले सिर के ऊपर छप्पर और एक वक्त की रोटी की तलाश में शहर-शहर और गाँव-गाँव पहुँचने लगे तो लोगों के क्रोध और प्रतिहिंसा की भावना की सीमा नहीं रही। गांधीजी उसी बाढ़ के रेले के खिलाफ अपनी दुर्बल काया लेकर निकल पड़े थे। इसका परिणाम वही होना था, जो हुआ। दिल्ली में 30 जनवरी, 1948 को शाम पाँच बजे जब वे प्रार्थना-सभा में जा रहे थे तो उनकी गोली मारकर हत्या कर दी गई। यह समाचार आग की लहर की तरह थोड़ी ही देर में पूरे हिंदुस्तान में फैल गया।"

शाम पाँच बजे के करीब किसी ने सुभद्रा से आकर कहा कि उसने सुना है कि बिड़ला-भवन में किसी ने गांधीजी की हत्या कर दी। उन्होंने फौरन सिटी मजिस्ट्रेट के यहाँ से पता लगाया तो मालूम हुआ कि खबर एकदम सच है। इसके बाद तो उनके भीतर जो थोड़ी-बहुत जीवन-शक्ति या जिजीविषा बची थी, वह भी जैसे बुझ सी गई। उनके मित्र-परिचित जो दु:खी होने पर उनके पास आते थे कि उनसे बात करके उनके साथ बैठकर उनका मन हलका हो जाएगा, वे अब स्वयं पीड़ा की प्रतिमूर्ति बन गई थीं। वे कुछ महीने पहले से कहने लगी थीं कि मेरी इच्छा है कि मैं कुछ दिन वर्धा जाकर बापू के पास रहूँ। दिल्ली से लौटकर फरवरी में गांधीजी सेवाग्राम में रहनेवाले थे, लेकिन अब वे दिल्ली से लौट नहीं पाए और अब उनके देहांत का समाचार सुनकर सुभद्रा को अपनी यह इच्छा और अधिक याद आने लगी।

गांधीजी की मृत्यु के दूसरे दिन 31 जनवरी को लोग जुलूस बनाकर नंगे सिर और नंगे पाँव नर्मदा श्मशान, ग्वारीघाट तक गए। हर एक चेहरा ऐसा लुटा दिखता था, मानो उसी के घर का कोई चला गया हो। सुभद्रा की तबीयत इन दिनों बहुत खराब थी। उनका रक्तचाप बहुत बढ़ा हुआ था और पथ्य के कारण खाना-पीना एकदम बंद सा था। खाने में केवल एक पतली रोटी और बिना नमक की उबली साग-सब्जी मिलती थी। इस सबके बावजूद वे ग्वारीघाट तक पैदल गईं। उनकी गहरी उदासी को देखकर किसी की हिम्मत नहीं पड़ी कि उन्हें रोके।

विद्रोहिणी सुभद्रा का यह संघर्ष दीपक की क्षीण होती हुई लौ की अंतिम दीप्ति जैसा था। उनका स्वास्थ्य इतना जर्जर हो चुका था कि वे किसी भी प्रकार का मानसिक या शारीरिक बोझ बरदाश्त करने लायक नहीं रह गई थीं। उनके गिरते हुए स्वास्थ्य और मनोबल को गांधीजी की मृत्यु से बहुत बड़ा धक्का लगा था।''

गांधीजी का जाना एक युग की समाप्ति की तरह था। यह स्वतंत्रता का एक और मूल्य था, जो देश को चुकाना पड़ा। सुभद्रा के आँसू रोके न रुकते थे। यह आदर्शों, मूल्यों और सत्य के समर्थक गांधीजी की विचारधारा के लिए उठ रहा अपार कष्ट था। सुभद्रा की दृष्टि में देश ने आज एक ऐसा पथ-प्रदर्शक खो दिया था, जिसने अपना सर्वस्व देश की राह में अर्पण कर दिया था।

□

एक मानसिक आघात

''सुभद्रा कुमारी चौहान की कविताओं का मुख्य प्रतिपाद्य राष्ट्रप्रेम एवं राष्ट्रीयता है। भारतीय जनता में उत्तेजना पैदा करने के सोद्‍देश्य उन्होंने सशक्त राष्ट्रीय कविताओं का प्रणयन किया। उनकी कविताओं में राष्ट्रप्रेम के साथ-साथ राष्ट्रसेवा की इच्छा भी प्रकट हुई। चूँकि वह स्वतंत्रता संग्राम का समय था, इसीलिए इन कविताओं में समसामयिक विषयों को महत्त्व मिला है। वे राष्ट्रप्रेम और भारतीय, इन दोनों को परस्पर जोड़कर प्रस्तुत करने में अत्यंत सफल रहीं।''

—डॉक्टर एन.पी. कुट्टन पिल्लै

12 फरवरी, 1948 को गांधीजी की अस्थियों का विसर्जन संगम में होना था और गंगा नदी के साथ-साथ देश की सभी नदियों में अस्थि-विसर्जन तथा श्रद्धांजलि दी जानी थी। जबलपुर में भी नर्मदा नदी के तट पर तिलवारा घाट पर अस्थि-विसर्जन किया जाना था। हालाँकि उस दिन भी सुभद्रा कुमारी का स्वास्थ्य ठीक नहीं था। पति लक्ष्मण सिंह ने एक दिन पहले ही उनसे इस बारे में बात की थी।

''सुभद्रा! तुम गांधीजी से वर्धा में जाकर मिल सकती थीं, मगर तुम्हारे भाग्य में उनसे भेंट करना नहीं लिखा था।''

''मुझे क्या पता था कि देश का ऐसा दुर्भाग्य है कि जिस स्वतंत्रता के

लिए वह क्षीण सी काया जीवन भर संघर्ष करती रही, वह स्वतंत्रता के पश्चात् अपने सपनों के भारत को देखे बिना ही इस असार संसार से विदा हो जाएगी।'' सुभद्रा ने कंपित स्वर में कहा, ''गांधीजी नहीं रहे, मुझे तो इस बात पर विश्वास ही नहीं होता।''

''सुभद्रा! सत्य को झुठलाया नहीं जा सकता। सूचना मिली है कि कल तिलवारा घाट पर उनका अस्थि-विसर्जन होनेवाला है।''

''मैं भी वहाँ जाना चाहती हूँ।''

''यह तुम क्या कह रही हो?'' लक्ष्मण सिंह आश्चर्य से बोले, ''अभी तुम्हारा स्वास्थ्य इतना खराब है और तुम कितनी कमजोर भी हो गई हो, तो तुम ऐसे में कैसे जा सकती हो?''

''गांधीजी ने कहा है कि शक्ति संकल्प की ही होती है, शरीर की नहीं।''

''क्या जाना वास्तव में आवश्यक है?''

''हाँ, ऐसा कैसे हो सकता है कि जिस महात्मा के आदर्शों को अपने जीवन में ढालकर मैंने सदैव ही उनका शुभ परिणाम पाया है, आज उनके श्रद्धांजलि कार्यक्रम में मैं न जाऊँ।''

इस प्रकार उनके बीच यह तय हो गया कि दोनों पति-पत्नी गांधीजी के अस्थि-विसर्जन में अवश्य जाएँगे।

अगले दिन सुभद्राजी के नेतृत्व में अनेक गांधीभक्त स्टेशन पर जा पहुँचे। वहाँ जाने के पश्चात् पता चला कि जनसाधारण को घाट पर जाने की अनुमति नहीं है।

''यह कैसा अन्याय है!'' सुभद्रा ने बिफरकर कहा, ''बापू किसी असाधारण वर्ग का ही नेतृत्व नहीं करते थे। वे सबके आदर्श थे। वे तो साधारण से भी साधारण के हृदय सम्राट् थे। उनके भक्तों को इस प्रकार उनके श्रद्धांजलि समारोह से रोकना अन्याय है।''

''बहनजी! यह जिलाधीश का आदेश है। घाट पर केवल मंत्रियों को ही जाने की अनुमति है और हम तो केवल इसी आदेश का पालन कर रहे हैं।''

''आदेश! यह कैसा आदेश है? क्या बापू ने विषमता का, भेदभाव का यही संदेश दिया है! अरे, आदेश देनेवालों को कम-से-कम यह तो सोचना था कि इससे बापू की आत्मा को कितना कष्ट होगा। जिस भेदभाव को मिटाने के लिए उन्होंने दक्षिण अफ्रीका तक जाकर अहिंसा की लड़ाई लड़ी, वह आज उनके अवसान के तत्काल बाद ही देश में आ खड़ा हुआ।''

घाट पर तैनात अधिकारियों ने अपने उच्चाधिकारियों को सूचित किया, ''सुभद्राजी को आने दिया जाए। वे जनसाधारण नहीं हैं।''

उच्चाधिकारियों द्वारा यह नया आदेश जारी किया गया।

''आप घाट पर जा सकती हैं, लेकिन अन्य व्यक्ति आपके साथ नहीं जा सकेंगे।''

''कौन रोकेगा हमें।'' सुभद्रा उग्र हो उठीं, ''क्या अभी भी हम परतंत्र ही हैं? क्या अब भी हमारी भावनाओं को दबाया जाएगा? क्या इस देश से अंग्रेजों के चले जाने के बाद भी उनकी ही शासन-पद्धति लागू रहेगी? यह तो अधिकारों का हनन है, जो अंग्रेजों ने अपनी साम्राज्यवादी सोच के चलते किया और अब उसी सोच के लबादे के हमारे शासकों ने ओढ़ लिया है। अभी स्वतंत्रता मिली कहाँ है, बल्कि अभी तो इसकी लड़ाई शेष है, जिसे हम लड़ेंगे। हम ही क्या, बल्कि जनसाधारण कहकर वंचित कर दिए जानेवाला समाज लड़ेगा। आओ साथियो! आज अपने ही शासन की लाठी का प्रहार भी देख लेते हैं। चलो, आगे बढ़ो।''

सुभद्राजी का इतना आह्वान करना था कि उनके सभी सहयोगी-साथी तैयार हो गए। बड़ी विकट स्थिति बन गई। आखिरकार जिलाधीश ने स्थिति की गंभीरता और सुभद्रा की दृढता को देखते हुए सभी लोगों को घाट पर जाने की अनुमति दे दी। सुभद्राजी ने दिखा दिया कि वे किसी भी स्थिति में और किसी भी प्रकार का अन्याय या अत्याचार सहन नहीं करेंगी।

सुभद्राजी को यह स्थिति देखकर बड़ा दुःख हो रहा था कि जिस स्वतंत्रता की प्राप्ति के लिए देश के अनगिनत वीरों ने अपने प्राणों की आहुति दे दी थी, अपना सर्वस्व बलिदान कर दिया था, वह स्वतंत्रता तो अभी भी

उनसे दूर ही थी। ऐसा प्रतीत होता था कि अंग्रेज अपने पीछे अपने अनुयायियों को छोड़ गए हैं। सुभद्राजी के लिए इस प्रकार की कल्पना करना बड़ा भयावह था। यह बात उनकी समझ से परे थी कि जिस व्यक्ति ने अपना संपूर्ण जीवन ही लोगों की सेवा करते हुए उनके बीच बिता दिया, आज उसी व्यक्ति के अस्थि-विसर्जन से उसके प्रियजनों को दूर रखने का प्रयास किया जा रहा था।

बड़े शोर-शराबे के बीच अस्थि-विसर्जन की प्रक्रिया पूरी हुई। वहाँ से लौटने के बाद सुभद्राजी का स्वास्थ्य दिन-प्रतिदिन बिगड़ता ही जा रहा था। डॉक्टरों ने उन्हें आराम करने की सलाह दी। उन्हें ट्यूमर तो था ही, फिर उस पर गांधीजी की मृत्यु का आघात भी उन्हें लगा था। उनका शरीर तो साथ दे ही नहीं रहा था, मानसिक रूप से भी वे टूटती जा रही थीं।

□

समकालीन मार्गदर्शक

"कला के रूप में लेखक या कवि का सामाजिक व्यवहार ही अभिव्यक्त होता है। इस दृष्टि से देखने पर कवयित्री सुभद्रा कुमारी चौहान की कृतियाँ तत्कालीन समाज की राजनीतिक व सांस्कृतिक अभिव्यक्तियाँ हैं। राष्ट्रीय जागरण-नवजागरण का यह समय सुभद्रा कुमारी चौहान की कविता-कहानियों में मुखरित है। इसके साथ ही स्त्री की सामाजिक-आर्थिक स्थिति के प्रति असंतोष का भाव अंतःसलिला की तरह उनके गद्य-पद्य में व्याप्त है। सुभद्रा कुमारी चौहान (1904-48) का समय भारत में ब्रिटिश औपनिवेशिकीकरण का समय है, जहाँ लेखक और रचनाकार साम्राज्यीय व्यवस्था के अंतर्गत सामंती व्यवस्था को ढो रहे हैं और ठीक ऐसे ही समय में नवजागरण की लहर ने पूरे सामाजिक-सांस्कृतिक परिदृश्य को बदलने का बीड़ा उठा लिया है।"

—डॉक्टर गरिमा श्रीवास्तव

हिंदी साहित्य में काव्य की 'आधुनिक मीरा' कही जानेवाली महादेवी वर्मा विद्याध्ययन के समय इलाहाबाद में सुभद्रा कुमारी की सखी रही थीं। दोनों के स्वभाव में अंतर तो बहुत था, लेकिन वैचारिक रूप से अनेक समानताएँ भी थीं। जहाँ सुभद्राजी चंचल थीं, वहीं महादेवी गंभीर थीं। जब छात्र-जीवन में दोनों एक-दूसरे के संपर्क में आईं तो काव्य की धारा ने दोनों

को घनिष्ठ मित्र बना दिया।

उस समय तक सुभद्रा ने अनेक कविताओं की रचना कर डाली थी। महादेवी गंभीर स्वभाव की थीं तो बहुत दिनों तक सुभद्रा भी नहीं जान सकीं कि उस गंभीरता की प्रतिमूर्ति के हृदय में काव्य का सागर भी हिलोरें मारता है। यह तो एक दिन अकस्मात् ही भेद खुल गया, जब महादेवी की एक कॉपी सुभद्रा के हाथ लग गई। सुभद्रा ने पढ़ा तो हत्प्रभ रह गईं। दिल को छू लेनेवाली, प्रेमरस में डूबी और वियोग की पीड़ा में लिपटी कविताएँ स्पष्ट कर रही थीं कि वे उच्चकोटि की कवयित्री हैं। सुभद्रा ने उत्सुकतावश सारी कविताएँ पढ़ डालीं।

''क्यों री?'' सुभद्रा ने मिलते ही पूछा, ''तू तो बड़ी छुपी रुस्तम निकली। कभी भनक तक न लगने दी कि वास्तव में इस गंभीरता का राज क्या है?''

''अरे! हुआ क्या? ऐसी बात भी क्या है?''

''वह बात इस कॉपी में है।''

''कॉपी···कॉपी! अरे, इधर ला इसे! तुझे कहाँ से मिली?''

''मिली है कहीं से। अब यह बता कि इतनी अच्छी कविताओं को तू क्यों छिपाए बैठी है। अपने अंदर की कवयित्री को तू बाहर क्यों नहीं आने देती?''

''सुभद्रा! पहले तू मेरी कॉपी दे।'' महादेवी खीझकर कॉपी लेने के लिए सुभद्रा की ओर झपटी।

''न···न···ऐसे तो नहीं दूँगी। आज तो सारा विद्यालय जानेगा कि धीर-गंभीर महादेवी वर्मा के हृदय में एक महान् कवयित्री भी रहती है।''

''देख, ऐसा मत कर। तू मेरी अच्छी सखी है। तू किसी को कुछ नहीं बताएगी।''

''अच्छा, क्यों न बताऊँ। अरे, जब तू इतनी भावपूर्ण रचनाएँ लिख सकती है, काव्य-साधना कर सकती है तो फिर इसे दबाकर क्यों बैठी है। 'मैं नीर भरी दुःख की बदली'! अहा! कितना सुंदर भाव है। अब तो इस

कवयित्री का पता चलना ही चाहिए।''

''नहीं-नहीं, तू ऐसा कुछ नहीं करेगी। तू ऐसा करेगी तो मेरी हँसी होगी।''

''हँसी होगी? अरी पगली! तू चिंता क्यों करती है। देखना, जब तेरी कविताओं का गान होगा तो सारा विद्यालय तेरी कविताओं में डूब जाएगा। अच्छा, अब मेरा रास्ता छोड़।'' सुभद्रा एक ओर दौड़ पड़ीं।

थोड़ी ही देर में सारा विद्यालय जान चुका था कि उनके विद्यालय में एक नहीं, बल्कि दो कवयित्री शिक्षा ले रही हैं। महादेवी बेचारी इस प्रकार गुमसुम बैठी थीं, जैसे उनकी कोई चोरी पकड़ी गई है। सुभद्रा तेज स्वर में महादेवी की कविताओं को अन्य छात्र-छात्राओं को सुना रही थीं। ऐसी ही एक घटना और सुभद्राजी के व्यक्तित्व को रेखांकित करते हुए स्वयं महादेवी वर्मा ने 'पथ के साथी' में वर्णन किया है—

''हमारे शैशवकालीन अतीत और प्रत्यक्ष वर्तमान के बीच में समय-प्रवाह का पाट ज्यों-ज्यों चौड़ा होता जाता है, त्यों-त्यों हमारी स्मृति में अनजाने ही एक परिवर्तन लक्षित होने लगता है। शैशव की चित्रशाला के जिन चित्रों से हमारा रागात्मक संबंध गहरा होता है, उनकी रेखाएँ और रंग इतने स्पष्ट और चमकीले होते चलते हैं कि हम वार्धक्य की धुँधली आँखों से भी उन्हें प्रत्यक्ष देख सकते हैं, लेकिन जिनसे ऐसा संबंध नहीं होता, वे फीके होते-होते इस प्रकार स्मृति से धुल जाते हैं कि दूसरे के स्मरण दिलाने पर भी उनका स्मरण करना कठिन हो जाता है।

''मेरे अतीत की चित्रशाला में बहन सुभद्रा से मेरे साक्ष्य का चित्र पहली कोटि में ही रखा जा सकता है, क्योंकि इतने वर्षों के उपरांत भी सब रंग-रेखाएँ अपनी सजीवता में स्पष्ट हैं।

''एक सातवीं कक्षा की छात्रा एक पाँचवीं कक्षा की छात्रा से प्रश्न करती है कि क्या तुम कविता लिखती हो? दूसरी छात्रा ने सिर हिलाकर कहा, जिसमें हाँ और नहीं तरल होकर एक हो गए थे। प्रश्न करनेवाली ने इस स्वीकृति-अस्वीकृति की संधि से खीझकर कहा कि तुम्हारी कक्षा की

लड़कियाँ तो कहती हैं कि तुम गणित की कॉपी में भी कविता लिखती हो। दिखाओ अपनी कॉपी और उत्तर की प्रतीक्षा में समय नष्ट न कर वह कविता लिखने की अपराधिनी को हाथ पकड़कर खींचती हुई उसके कमरे में डेस्क के पास ले गई।

''नित्य व्यवहार में आनेवाली गणित की कॉपी को छिपाना संभव नहीं था। अत: उसके साथ अंकों के बीच में अनधिकार सिकुड़कर बैठी हुई तुकबंदियाँ अनायास ही पकड़ में आ गईं। इतना दंड ही पर्याप्त था, लेकिन इससे संतुष्ट न होकर अपराध की अन्वेषिका ने एक हाथ में वह चित्र-विचित्र कॉपी थामी और दूसरे में अभियुक्त की उँगलियाँ कसकर पकड़ी और वह हर कमरे में जाकर इस अपराध की सार्वजनिक घोषणा करने लगी।

''उस युग में कविता-रचना अपराधों की सूची में था। कोई तुक जोड़ता है, यह सुनकर ही सुननेवालों के मुख की रेखाएँ इस प्रकार वक्र-कुंचित हो जाती थीं कि मानो उन्हें कटुतिक्त पेय पीना पड़ा हो।

''ऐसी स्थिति में गणित जैसे गंभीर-महत्त्वपूर्ण विषय के लिए निश्चित पृष्ठों पर तुक जोड़ना अक्षम्य अपराध था। इससे बढ़कर कागज का दुरुपयोग व विषय का निरादर और क्या हो सकता था। फिर जिस छात्र की बुद्धि अंकों के बीहड़ वन में पग-पग पर उलझती है, उससे तो गुरु यही आशा रखता है कि हर साँस अंक जोड़ने-घटाने की क्रिया बनी रहेगा। यदि वह सारी धरती को कागज बनाकर प्रश्न को हल करने के प्रयास नहीं कर सकता तो उसे कम-से-कम पचास-सौ पृष्ठ सही ही न सही, तो गलत प्रश्नों-उत्तरों से ही भर लेने चाहिए। तब उसकी भ्रांत बुद्धि को प्रकृतिदत्त मानकर उसे क्षमादान का पात्र समझा जा सकता है, लेकिन जो तुकबंदी जैसे कार्य से बुद्धि की धार गोठिल कर रहा है, पूरी शक्ति से दुर्बल होने की मूर्खता करता है। अत: उसके लिए न सहानुभूति का प्रश्न उठता है और न क्षमा का।

''मैंने होंठ भींचकर न रोने का जो निश्चय किया, वह न टूटा तो न टूटा। अंत में मुझे शक्ति-परीक्षण में उत्तीर्ण देख सुभद्राजी ने उत्फुल भाव से कहा, 'अच्छा तो लिखती है। भला सवाल हल करने में एक-दो-तीन जोड़

लेना कोई बड़ा काम है।'

"मेरी चोट अभी भी दुःख रही थी, लेकिन उनकी सहानुभूति और आत्मीय भाव का परिचय पाकर आँखें सजल हो गईं, 'तुमने सबको क्यों बताया?' तो उत्तर मिला, 'हमें भी तो सहना पड़ता है। अच्छा हुआ। अब दो साथ हो गए।'

"बहन सुभद्रा का चित्र बनाना कोई सहज नहीं है, क्योंकि चित्र की साधारण जान पड़नेवाली प्रत्येक रेखा के लिए उनकी भावना की दीप्ति 'संचारिणी दीपशिखेव' बनकर उसे असाधारण कर देती है। एक-एक करके देखने से कुछ भी विशेष नहीं कहा जाएगा, लेकिन सबकी समग्रता में जो उद्‌भासित होता था, उसे दृष्टि से अधिक हृदय ग्रहण करता था।"

मझोले कद और उस समय की कृश देह-यष्टि में ऐसा कुछ रौद्र नहीं था, जिसकी हम वीरगीतों की कवयित्री में कल्पना करते हैं। कुछ गोल मुख चौड़ा माथा, सरल भृकुटियाँ, बड़ी और भावस्नात आँखें, छोटी सुडौल नासिका, गढ़े हुए से होंठ और दृढतासूचक ठुड्डी···सबकुछ मिलाकर एक अत्यंत निश्छल, कोमल, उदार व्यक्तित्ववाली भारतीय नारी का ही पता देते थे। उस व्यक्तित्व के भीतर जो बिजली का छंद था, उसका पता तो तब मिलता था, जब उनके और उनके निश्चित लक्ष्य के बीच में कोई बाधा उपस्थित होती थी।

'मैंने हँसना सीखा है, मैं नहीं जानती रोना' कहनेवाली की हँसी निश्चय ही असाधारण थी। माता की गोद में दूध पीता बालक जब अचानक हँस पड़ता है, तब उसकी दूध से धुली हँसी में जैसी निश्चिंत तृप्ति और सरल विश्वास रहता है। बहुत कुछ वैसा ही भाव सुभद्रा की हँसी में भी मिलता था।

जैसा कि दो कलाकारों के बीच अपेक्षित व्यवहार होता है, वैसा ही व्यवहार सुभद्रा और महादेवी के बीच होने लगा। दोनों सखियाँ घंटों काव्य-साहित्य पर चर्चा करतीं। चूँकि दोनों ही शिक्षित परिवारों से थीं और जन्मजात काव्यकला से सुशोभित थीं तो काव्य की समझ भी दोनों को अच्छी ही थी। जहाँ सुभद्रा की कविताओं में वीर रस की प्रधानता थी, वहीं महादेवी के काव्य में रहस्य, वेदना और पीड़ा का अंकन था। सुभद्रा के काव्य में मानव-

संबंधों का बड़ा ही हृदयग्राही चित्र देखने को मिलता है—

देखो भैया भेज रही हूँ,
तुमको-तुमको राखी आज।
साखी राजस्थान बनाकर,
रख लेना राखी की लाज।
हाथ काँपता हृदय धड़कता,
अब भी चौंकता है जलियाँवाले
का वह गोलंदाज।
बहनें कई सिसकती हैं हाँ,
सिसक न उनकी मिट पाई।
लाज गँवाई, गाली पाई,
तिस पर गोली भी खाई।
डर है कहीं न मार्शल लॉ का,
फिर से पड़ जावे घेरा।
ऐसे समय द्रौपदी जैसा,
कृष्ण सहारा है तेरा।

हालाँकि सुभद्रा की कविताओं में अधिकांशत: वीर रस की ही प्रधानता देखने को मिलती है, लेकिन इसका अर्थ यह नहीं कि उन्होंने प्रेमभाषी कविताओं की रचना नहीं की। उनकी काव्य-रचना में प्रेम को भी स्थान मिला है—

बहुत दिनों तक हुई प्रतीक्षा,
अब रूखा व्यवहार न हो।
अजी! बोल तो लिया करो तुम,
चाहे मुझ पर प्यार न हो।
जरा-जरा सी बातों पर,
मत रूठो मेरे अभिमानी।
लो प्रसन्न हो जाओ, गलती

मैंने अपनी ही मानी।

सुभद्रा और महादेवी के बीच गहरा आत्मीय संबंध था। इलाहाबाद में दोनों सखियाँ बहुत लंबे समय तक साथ रहीं। इसके बाद जीवनपर्यंत इनकी मित्रता रही। दोनों के काव्य ने साहित्य-जगत् को समृद्ध किया।

महादेवी वर्मा मूल रूप से फर्रूखाबाद में सन् 1907 में एक शिक्षित और संपन्न कायस्थ परिवार में जनमी थीं। उनके पिता भागलपुर विद्यालय में प्रधानाध्यापक के पद पर नियुक्त थे। उनकी माता भी सुशील, धार्मिक और सहृदयी महिला थीं। पारिवारिक संस्कारों का प्रभाव महादेवी पर बचपन में ही पड़ने लगा था। माता से रामायण, महाभारत आदि की कहानियाँ सुनते रहने से उनकी कल्पनाशीलता जाग्रत् हुई। उनकी प्रारंभिक शिक्षा इंदौर में संपन्न हुई, फिर वे कुछ समय इलाहाबाद में भी शिक्षारत रहीं। संगीत और चित्रकला में भी इनकी रुचि थी। ज्ञान की ग्राह्य-क्षमता अत्यधिक होने से शीघ्र ही सीखा हुआ उनके स्मृति-पटल पर अंकित हो जाता था।

महादेवी का विवाह 9 वर्ष की अल्पायु में ही डॉक्टर स्वरूप नारायण वर्मा से हो गया था। चूँकि इनके श्वसुर पुरातनपंथी थे तो इन्हें अनेक विरोधों का सामना करना पड़ा। उनकी शिक्षा श्वसुर के विरोध के कारण बीच में ही रोक दी गई। हालाँकि इनके पति स्त्री-शिक्षा के समर्थक थे और वे चाहते भी थे कि उनकी पत्नी उच्च शिक्षा प्राप्त करे, लेकिन अपने पिता की इच्छा के विपरीत जाने का साहस उनमें भी नहीं था। कुछ समय के पश्चात् महादेवी के श्वसुर की मृत्यु हो गई, तब उन्हें शिक्षा प्राप्त करने का अवसर मिला। इन्होंने इलाहाबाद से एम.ए. की डिग्री प्राप्त की। शिक्षा पूरी होने के पश्चात् उन्हें प्रयाग महिला विद्यापीठ में प्रधानाचार्य के पद पर नियुक्ति मिल गई। बाद में सन् 1965 में कुलपति के पद से सेवानिवृत्त हुईं।

यह महादेवी की अपार योग्यता ही थी कि उन्हें कुमाऊँ विश्वविद्यालय ने डी.लिट्. की मानद उपाधि प्रदान की तो साहित्य-सेवा में उनके योगदान को देखते हुए भारत सरकार की ओर से उन्हें 'पद्मश्री' पुरस्कार प्रदान किया गया। उन्होंने कुछ समय तक 'चाँद' पत्रिका का भी संपादन किया। उनकी कविताओं

में सूफियों की मर्मस्पर्शी पीड़ा और गौतम बुद्ध की करुणा जैसे भाव की झलक स्पष्ट रूप से देखने को मिलती है। गद्य और पद्य दोनों पर उनका समान रूप से अधिकार रहा, लेकिन मूल रूप से वे कवयित्री ही थीं। उनकी रचनाओं में 'नीहार', 'रश्मि', 'यामा' और 'सांध्यगीत' इत्यादि प्रमुख हैं।

हिंदी साहित्य में महादेवी का योगदान अविस्मरणीय है। राष्ट्रीय आंदोलन के समय उन्होंने व्यापक मानवीय संवेदनाओं से ओत-प्रोत साहित्य की रचना की। वे छायावादी काव्यधारा की सर्वश्रेष्ठ कवयित्री थीं, जिन्होंने भावुक मन की सूक्ष्म अनुभूतियों और उनके स्पंदन को मधुर गीतों एवं संगीत की लय से अभिव्यक्ति दी है। नारीसुलभ भावुकता के कारण उन्हें वेदना के गीले स्वरों की साम्राज्ञी कहा जाता है। वर्ण-विन्यास, भाषा-शैली और अलंकारों का सहज प्रयोग उनकी अद्भुत विशेषता रही है। विरह की अनन्य अभिव्यक्ति को एक कविता में इस प्रकार देखा जा सकता है—

मैं नीर भरी दु:ख की बदली
स्पंदन में चिर निस्पंद बसा,
क्रंदन में आहत विश्व हँसा।
नयनों में दीपक से जलते,
पलकों में निर्झरणी मचली।
मेरा पग-पग संगीत भरा,
श्वासों से स्वप्न पराग झरा।
नभ के नवरंग सुनते दुकूल,
छाया में मलय बयार पली।

महादेवी वर्मा ने व्यक्तिगत धरातल से उठकर आँसुओं से कण-कण में प्रेम के संसार का प्रयास किया है। जब यही महान् कवयित्री सुभद्रा कुमारी के संपर्क में आईं तो फिर कैसे संभव था कि काव्य की दो धाराओं का संगम न होता। यद्यपि आयु में सुभद्रा महादेवी से बड़ी थीं, लेकिन काव्य ने उनके बीच इस अंतर को घनिष्ठता में बदलकर पाट दिया था। जब दोनों सखियाँ काव्य पर कोई चर्चा करतीं तो फिर अनायास ही कविता का सृजन हो जाता।

सुभद्रा कुमारी के काव्य में भी वीर, श्रृंगार और वात्सल्य की त्रिवेणी प्रवाहित रही है। शुद्ध, सरल एवं खड़ी बोली में सरसता से ओजस्वी रचना करनेवाली सुभद्रा ने सखी महादेवी को अपना प्रेरणास्त्रोत बताया। जब दो कवयित्री एक साथ बैठती हों तो वे भले ही घनिष्ठ सखी थीं, लेकिन वैचारिक स्पर्धा का भाव तो दोनों के बीच रहता ही है। इन दोनों में भी कई बार एक-दूसरे से श्रेष्ठ कविता रचने की होड़ लग जाती थी और मजे की बात यह रही कि दोनों ही एक-दूसरे की कविता को स्वयं की कविता से श्रेष्ठ बताती थीं। दोनों सखी विद्यालय में ही नहीं, बल्कि बाद में भी संपर्क में रहीं। अपने समय को याद करते हुए महादेवी वर्मा ने 'पथ के साथी' में वर्णन किया है—

''सातवीं और पाँचवीं कक्षा की छात्राओं के समय को सुभद्राजी के सरल स्नेह ने ऐसी अमिट लक्ष्मण रेखा से घेरकर सुरक्षित रखा कि उस समय पर कोई रेखा नहीं खींच सका। अपने भाई-बहनों में सबसे बड़ी होने के कारण मैं अनायास ही सबकी देखरेख और चिंता की अधिकारिणी बन गई थी। परिवार में जो मुझसे बड़े थे, उन्होंने भी मुझे ब्रह्मसूत्र की मोटी पोथी में आँखें गड़ाए देखकर अपनी चिंता की परिधि से बाहर समझ लिया था, परंतु केवल सुभद्रा पर न मेरी मोटी पोथियों का प्रभाव पड़ा और न मेरी समझदारी का। अपने व्यक्तित्व के संबंधों में हम कभी कुतूहली बालभाव से मुक्त नहीं हो सके।''

सुभद्रा के घर में आने पर भक्तिन तक मुझ पर रोब जमाने लगती थी। क्लास में पहुँचकर वह उनके आगमन की सूचना इतने ऊँचे स्वर में इस प्रकार देतीं कि मेरी स्थिति विचित्र हो जाती, 'ऊ सहोदरा! विचरिअऊ तरे इनका देखै बरै आई के अकेली सूने घर में माँ बैठी अऊर इनका कितबिनयन से फुरसत नाहिन बा।'

एम.ए. और बी.ए. के छात्रों के सामने जब एक देहातिन बुढ़िया गुरु पर कर्तव्य-उल्लंघन का आरोप लगाने लगे तो बेचारे गुरु की सारी प्रतिष्ठा किरकिरी हो सकती थी, पर इस अनाचार को रोकने का कोई उपाय नहीं था। सुभद्रा के सामने न भक्तिन को डाँटना संभव था और न ही उसके कथन की

उपेक्षा करना। बँगले में आकर देखती थी कि सुभद्रा रसोईघर में या बरामदे में भानमती का पिटारा खोले बैठी हैं और उसमें से अद्‍भुत वस्तुएँ निकल रही हैं। छोटी-छोटी पत्थर या शीशे की प्यालियाँ, मिर्च का अचार, बासी पूरी, पेड़े, चकला-बेलन और नीली-सुनहली चूड़ियाँ आदि सबकुछ मेरे लिए आया है—इसपर कौन विश्वास करेगा, पर वह आत्मीय उपहार के निमित्त ही आता था।

ऐसे भी अवसर आते थे, जब वे किसी कवि सम्मेलन में आते-आते प्रयाग नहीं उतर पाती थीं और मुझे स्टेशन पर जाकर ही उनसे मिलना पड़ता था। ऐसे कुछ क्षणों की भेंट में भी एक दृश्य की अनेक आवृत्तियाँ होती रहती थीं। वे अपने थैले से दो चमकीली चूड़ियाँ निकालकर हँसती हुई पूछतीं कि पसंद हैं? मैंने दो तुम्हारे लिए खरीदी थीं। तुम पहनने में तोड़ डालोगी। लाओ अपना हाथ, मैं पहना देती हूँ और पहनाने पर वे बच्चों के समान प्रसन्न हो उठतीं।

हम दोनों जब साथ रहतीं, तब बात एक मिनट और हँसी पाँच मिनट का अनुपात रहता था। प्राय: इसी कारण किसी सभा-समिति में जाने से पहले न हँसने का फैसला करना पड़ता था। एक-दूसरे की ओर बिना देखे गंभीर भाव से बैठे रहने की प्रतिज्ञा करके भी वहाँ पहुँचते ही एक-न-एक वस्तु या दृश्य सुभद्रा के कुतूहली मन को आकर्षित कर ही लेता और मुझे दिखने के लिए वे चिकोटी तक काटने से न चूकतीं। तब हमारी शोभा सदस्यता की जो स्थिति हो जाती थी, उसका अनुमान लगाना सहज है।

सुभद्रा कुंमारी और महादेवी वर्मा की आपस में अनेक मुलाकातें हुईं। महादेवी वर्मा इलाहाबाद में रहती थीं तो सुभद्राजी का मायका भी वहीं था। जब वे इलाहाबाद आतीं तो अपनी प्रिय सखी से अवश्य मिलतीं। दोनों एक-दूसरे को अपनी-अपनी कविताएँ सुनातीं और एक-दूसरे की काव्य-रचना की प्रशंसा भी करतीं। हालाँकि राष्ट्रवादी विचार‍धारा से संबंधित कुछ रचनाएँ महादेवी ने भी की थीं, लेकिन इस क्षेत्र में सुभद्राजी का योगदान अधिक है। जब सुभद्राजी की 'झाँसी की रानी' कविता प्रकाशित हुई तो महादेवी ने भी

उसे पढ़ा और उसकी सराहना की। उन्होंने पत्र के माध्यम से सुभद्राजी को विशेष रूप से बधाई दी कि उन्होंने ऐसी कालजयी रचना की है, जो उनके जैसी गंभीर और प्रेम-विषयक कवयित्री भी जोश से भर उठीं।

इसके बाद उनकी मुलाकात तब हुई, जब दोनों सखियाँ गांधीजी से भेंट करने साथ-साथ गईं। गांधीजी ने उस समय दोनों के कार्य की प्रशंसा खुले शब्दों में की और सुभद्राजी के ऐसे ओजस्वी लेखन के लिए बधाई दी, जो राष्ट्रीय चेतना जाग्रत् करने में महत्त्वपूर्ण भूमिका निभा रहा था। हिंदी काव्य-जगत् में सुभद्राजी ऐसी कवयित्री थीं, जिन्होंने अपने नारी-कंठ की पुकार से लाखों भारतीय युवाओं को अकर्मण्यता का परित्याग कर स्वतंत्रता आंदोलन में सक्रिय होने के लिए प्रेरित किया। गांधीजी ने उनके स्वातंत्र्य प्रेम की मुक्तकंठ से प्रशंसा की। महादेवी वर्मा ने भी अपनी ओजस्वी सखी को राष्ट्रीय प्रेम में स्वयं से इक्कीस ही कहा। दोनों की तुलना तो नहीं की जा सकती, क्योंकि तत्कालीन समय में दोनों का हिंदी साहित्य के लिए योगदान बहुत महत्त्वपूर्ण रहा है। फिर भी समयानुकूल देखा जाए तो महादेवी वर्मा की कविताओं से इतर सुभद्राजी की कविताएँ जन-जन के होंठों पर छाई रहीं।

सुभद्राजी को किसी भी प्रकार का अन्याय सहन नहीं था। जब भी वे अन्याय होता देखतीं तो उसके खिलाफ खड़ी हो जातीं। इस बारे में महादेवी वर्मा ने एक घटना का वर्णन इस प्रकार किया है—

"देश की स्वतंत्रता के लिए उन्होंने अपने जीवन के वासंती सपने अंगारों पर रख दिए थे, उसकी प्राप्ति के बाद भी जब उन्हें सब ओर अभाव तथा पीड़ा दिखाई दी तो उन्होंने अपने संघर्षकालीन साथियों से भी विद्रोह किया। उनकी उग्रता का अंतिम परिचय तो विश्ववंद्य बापू की अस्थि-विसर्जन के दिन प्राप्त हुआ। वे कई सौ हरिजन महिलाओं के साथ मीलों पैदल चलकर नर्मदा नदी के किनारे पहुँचीं, लेकिन अन्य संपन्न परिवारों की सदस्याएँ मोटरों पर ही जा सकीं। जब अस्थिप्रवाह के उपरांत संयोजित सभा के घेरे में इन पैदल आनेवालों को स्थान नहीं दिया गया, तब सुभद्राजी का क्षुब्ध हो जाना स्वाभाविक ही था। उनका क्षात्रधर्म तो किसी प्रकार के अन्याय

के प्रति क्षमाशील नहीं हो सकता था। जब वे उन हरिजनों को उनका अधिकार दिला सकीं, तभी वे स्वयं सभा में सम्मिलित हुईं।''

सुभद्राजी का व्यक्तित्व इतना प्रभावशाली था कि जो भी उनके संपर्क में आता था, वह उनसे प्रभावित हुए बिना नहीं रहता था। ऐसे न जाने कितने व्यक्ति थे, जो उनसे प्रभावित होने के साथ-साथ प्रेरित भी थे। इन्हीं में रामधारी सिंह दिनकर भी थे। सुभद्राजी के बारे में उनके विचार इस प्रकार हैं—

''मैंने मैथिलीशरणजी का अनुकरण किया था, पंडित रामनरेश त्रिपाठीजी का अनुकरण किया था और पंतजी का भी किया था, लेकिन मैं प्रसाद, पंत, निराला और महादेवी में से किसी के समान नहीं बनना चाहता था। मेरी सबसे बड़ी भक्ति मैथिलीशरणजी और रामनरेश त्रिपाठी पर थी, या फिर मैं 'एक भारतीय आत्मा' और सुभद्रा कुमारी चौहान की तरह बनना चाहता था। मैं सुभद्राजी और महादेवीजी की मन-ही-मन तुलना करता था और इस बात पर खीझता था कि महादेवीजी सुभद्राजी के समान क्यों नहीं लिखती हैं— सीधी, सरल और देशभक्ति जगानेवाली कविताएँ।''

साहित्य के क्षेत्र में सुभद्राजी की शुरुआत तो कविताओं से ही हुई थी, लेकिन बाद में उन्होंने कहानियाँ भी लिखीं। आगे चलकर उन्होंने कहानियों को ही अपनी अभिव्यक्ति का माध्यम बनाया। कहानियों के क्षेत्र में आने का प्रमुख कारण यह रहा कि देश के वातावरण में राजनीतिक शिथिलता आ जाने के कारण देशप्रेम की कविताओं का महत्त्व कम सा हो गया था। उनकी कहानियों में सामाजिक व्यवस्था में जागरूकता लाने संबंधी बातों की झलक स्पष्ट देखने को मिलती है। राजेंद्र उपाध्याय ने सुभद्रा कुमारी चौहान की कथादृष्टि में वर्णन किया है—

''राष्ट्रीय आंदोलनों में सक्रिय भागीदारी और अनवरत जेलयात्रा के बावजूद उनके तीन कहानी-संग्रह प्रकाशित हुए— 'बिखरे मोती' (1932), 'उन्मादिनी' (1934) और 'सीधे-सादे चित्र' (1947)। इन कथा-संग्रहों में कुल 38 कहानियाँ हैं। सुभद्राजी की समकालीन स्त्री-कथाकारों की संख्या अधिक नहीं थी। 'बिखरे मोती' (1932) के साथ तीन अन्य स्त्री कथाकारों

के संग्रह प्रकाशित हुए थे—शिवरानी देवी का 'कौमुदी', कमला देवी चौधरी का 'पिकनिक' और होमवती का 'विसर्ग'। आज हम जानते हैं कि इनमें से कितनों का नाम याद करते हैं या उनकी कहानियों से सीखते हैं। जब कि सुभद्राजी ने जो जमीन तैयार की, उसे हम अभी भी सींचते हैं।

सुभद्रा कुमारी चौहान की कहानियों के प्रस्थान-बिंदु आज भी हमारी मदद करते हैं। 1940 के आस-पास उस समय के सर्वाधिक चर्चित युवा आलोचक आचार्य हजारीप्रसाद द्विवेदी ने इसे पहले रेखांकित किया था। उन्होंने इन चारों लेखिकाओं के बारे में लिखा था कि आलोचना पुस्तकों में से अधिकांश की कहानियों का मूल आदान मध्यवर्ग के हिंदू-परिवार की अशांतिजनक अवस्था है। सास-जेठानी और पति-पत्नी के अत्याचार, स्त्री की पराधीनता और उसे पढ़ने-लिखने में दूसरों से बात करने में बाधा इत्यादि बातें ही नाना भावों में कही गई हैं। सुभद्राजी के 'बिखरे मोती' इस विषय में सर्वप्रथम है।

…सुभद्राजी की कहानियों पर विचार करते हुए द्विवेदीजी लिखते हैं कि सुभद्राजी की कहानियाँ अधिकांश बहुओं और विशेषकर शिक्षित बहुओं के दु:खपूर्ण जीवन को देखकर लिखी गई हैं। निस्संदेह वे इसकी अधिकारिणी हैं, लेकिन उन्होंने केवल किताबी ज्ञान के आधार पर या सुनी-सुनाई बातों को आश्रय करके कहानियाँ नहीं लिखीं, बल्कि अपने अनुभवों को ही कहानियों में रूपांतरित किया है। निस्संदेह उनके स्त्री-चरित्रों का चित्रण अत्यंत मार्मिक एवं स्वाभाविक हुआ है। फिर भी जो बात स्पष्ट है, वह यह है कि उनकी कहानियों में सामाजिक व्यवस्था के प्रति एक नकारात्मक घृणा ही व्यक्त होती है। पाठक तो सोचता है कि समाज युवतियों के प्रति कितना निर्दयी और कठोर है, लेकिन उनके चरित्र में ऐसी भीतरी शक्ति या विद्रोह की भावना नहीं पाई जाती, जो समाज की इस निर्दयतापूर्ण व्यवस्था को अस्वीकार कर सके। उनके पाठक-पाठिकाएँ इस कुचक्र से छूटने का कोई रास्ता नहीं पाते।

इन कहानियों में शायद कहीं वह मानसिक दृढता चरित्र को मिलती हो, जो स्वेच्छापूर्वक समाज की बलिवेदी पर बलि होने का प्रतिवाद करे। इसके विरुद्ध उनके चरित्र अत्यंत निरुपाय से होकर समाज की वह्निशिखा में अपने

को होम करके चुपके से दुनिया की आँखों से ओझल हो जाते हैं। स्पष्टत: वह दोष है, लेकिन इस अवस्था के साथ कि जब वास्तव में ही परिस्थिति की तुलना करते हैं तो स्वीकार करना पड़ता है कि अधिकांश घटनाएँ ऐसी ही हो रही हैं। अपने प्रिय पात्रों के अंतस्तल में वे बड़ी आसानी से पहुँच जाती हैं।''

इसी क्रम में राजेंद्र उपाध्याय आगे वर्णन करते हैं—

''सुभद्राजी के पास सहज मानवीय संवेदना से पाए गए आस-पास, पास-पड़ोस और रोजमर्रा की पारिवारिक जिंदगी के विविधता भरे ब्योरों की पूँजी है। अपनी इस पूँजी का इस्तेमाल उन्होंने कविताओं में तो किया ही, साथ ही कहानियों में भी किया। उनकी कहानियाँ सच्चाई को उसकी पूरी विविधता, तीव्रता एवं सहजता में समेटती और उजागर करती हैं। अपने अनुभूत वास्तव के प्रति उन्हें कोई दु:ख और संकोच नहीं है, बल्कि एक साहसपूर्ण आदरभाव एवं स्वीकृति है।''

डॉक्टर धनंजय वर्मा ने तो यहाँ तक लिखा कि सुभद्राजी की कहानियों में यथार्थ की जितनी सहज और सीधी पकड़ है, उतनी तो उनकी कविताओं में भी नहीं है। उनकी कविताओं में भावनाओं का समारोह है और आवेग भी, लेकिन कहानियों में समकालीन सच्चाई का जीवंत मुहावरा है। वक्त के सपनों और वास्तविकताओं के बीच मौजूद अंतर्विरोधों के प्रति उनकी चेतना को एक संपृक्त का सा नजरिया है और साथ ही यह विश्वास भी है कि बेहतरी के लिए राजनीतिक परिवर्तन भी जरूरी है।

अपने समय के यथार्थ को अपने वास्तविक अनुभवों के प्रतीक चरित्रों के माध्यम से वे जिस तरह स्थापित करती हैं, वह इस बात का सबूत है। यह ठीक है कि तत्कालीन परिवेश को उनकी संलग्नता एवं आस्था गांधी और गांधीवाद की रही है, सत्याग्रह और नैतिक हृदय परिवर्तन के प्रसंग उनकी कहानियों में भरे पड़े हैं, लेकिन अपने समय और राजनीतिक आंदोलनों के अंतर्विरोधों के प्रति वे मौन नहीं हैं, बल्कि तत्कालीन राजनीतिक विसंगतियों के खिलाफ एक सक्रिय और तीखा प्रतिवाद भी उनमें है।

सुभद्राजी की कहानियों की संवेदना ही नहीं, बल्कि सक्रिय भागीदारी भी उस वर्ग के साथ है, जो शोषित और दलित हैं। उनकी कहानियों में जो औरत है, वह न केवल दलित और शोषित है, बल्कि वह उस वर्ग की प्रतीक भी है। इसके अलावा सीधे-सीधे उस वर्ग के रोजमर्रा के संघर्ष, तकलीफ और यातना में उसकी सक्रिय भागीदारी है। उनकी संवेदना तीन बच्चों के भिखारियों, जेल की अपराधिनियों, हींगवाले, ताँगेवाले, विधवाओं, परित्यक्ताओं और सामाजिक विसंगतियों को भोगती औरतों तथा समाज के उस वर्ग के साथ है, जिसे हम सर्वहारा कह सकते हैं।

सामाजिक रूढ़ियों और विसंगतियों को लेकर एक गहरा क्षोभ उनकी सारी कहानियों में व्याप्त होकर पारिवारिक त्रासदियों, आदमी और औरत के रिश्तों के संकटों एवं यातनाओं के प्रति उनमें अत्यंत गहरा मानवीय सरोकार है।''

साहित्यिक क्षेत्र में सुभद्राजी ने जो योगदान दिया है, वह चाहे कविता का क्षेत्र हो या कहानियों का, उस कार्य की तुलना नहीं की जा सकती। उन्होंने लगभग हर विषय पर लिखा। उनके संबंध में प्रसिद्ध साहित्यकार गजानन माधव मुक्तिबोध के विचार कुछ इस प्रकार हैं—

''कुछ विशेष अर्थों में सुभद्राजी का राष्ट्रीय कार्य हिंदी में बेजोड़ है। उन्होंने इस राष्ट्र-आदर्श को जीवन में समाया हुआ देखा है और उसकी प्रवृत्ति अपने अंत:करण में पाई है। अत: वे अपने समस्त जीवन-संबंधों को उसी प्रवृत्ति के प्रकाश से चमका देती हैं। यही उनके काव्य की प्रशंसा, ऊँचाई और सफलता है। उनका राष्ट्रीय काव्य केवल प्रलयवादी वृथा-भावुकता पर आश्रित नहीं है, बल्कि वह जीवन के प्रधान कर्तव्य की अभिव्यक्ति के रूप में हमारे सामने आता है। वह अभिव्यक्ति भावुकता से भरी हुई है। उस कर्तव्य को जीवन के संदर्भों से हटाकर अमूर्त रूप में नहीं रखा गया, बल्कि उसे वास्तविक स्थितियों से मिलाकर प्रत्यक्ष कर दिया गया है।''

यह उस कालखंड का सौभाग्य ही कहा जाएगा कि जिस समय स्त्री की दशा समाज में दयनीय थी, उस समय दो महिला साहित्यकार यानी

सुभद्राजी और महादेवीजी एक साथ साहित्य-जगत् के क्षितिज पर अपनी सशक्त लेखनी से स्थान बना सकीं। जहाँ महादेवी वर्मा को 'आधुनिक युग की मीरा' कहा गया, वहीं सुभद्रा कुमारी को 'स्वतंत्रता की काव्य-सेनानी' का नाम दिया गया।

सुभद्राजी को मूर्धन्य कवि माखनलाल चतुर्वेदी का भी मार्गदर्शन प्राप्त हुआ। उन्होंने सुभद्राजी की ओजस्वी कविता को राष्ट्रहित में प्रयोग करने का मार्ग तो सरल किया ही, साथ ही सुभद्राजी को समय-समय पर विभिन्न विषयों पर भी मार्गदर्शन किया।

माखनलाल चतुर्वेदी ने सुभद्राजी को अपनी मुँहबोली बहन माना था और इस रिश्ते को उन्होंने आजीवन निभाया। उस समय की घटना को याद करते हुए सुधा चौहान ने 'जैसा जीवन जिया' लेख में वर्णन किया है—

"दादा माखनलाल चतुर्वेदी की तो वे मुँहबोली बहन थीं। पहले लक्ष्मण सिंह दादा के शिष्य थे, फिर साप्ताहिक 'कर्मवीर' के संपादन में उनके सहयोगी बने। विवाह के पश्चात् पहली बार लक्ष्मण सिंह और सुभद्रा की गृहस्थी कर्मवीर के कार्यालय, रानी सिमरिया की कोठी में जमी। एक समय की बात है कि एक वयस्क सज्जन कर्मवीर के कार्यालय में आए। लक्ष्मण सिंह और माखनलालजी को वे पहले से ही जानते थे, जबकि सुभद्रा को वहाँ उन्होंने पहली बार देखा तो पूछा कि ये कौन हैं? लक्ष्मण सिंह ने तत्काल उनका परिचय दिया कि ये पंडितजी की बहन हैं। शायद अपनी पत्नी कहकर परिचय देते हुए शरम लगी हो।"

दादा की तीन बहनें पहले से थीं और अब सुभद्रा चौथी बहन बन गई। इस संबंध को दोनों ने आजीवन निभाया। इतनी आपाधापी और होड़ की दुनिया में एक ही क्षेत्र में काम करनेवालों का स्नेह संबंध मधुर बना रहे, यह उनके हृदय की निर्मल उदारता का और उनके अक्षय कृतिकार मन का परिचायक है।

सुभद्राजी के जीवन में काव्य से संबंधित प्रेरणा देने में बहुत से घटकों का हाथ रहा। तत्कालीन सामाजिक ढाँचा और परतंत्रता की पीड़ा तो उनके

काव्य का मुख्य स्रोत रहे ही थे, साथ ही उन्हें पग-पग पर ऐसे आलंब भी मिलते गए, जिनसे उनकी काव्यलता साहित्य के बुर्ज पर चढ़ने में सफल रही। माखनलाल चतुर्वेदी भी उन्हीं कवियों में से थे, जिन्होंने सुभद्राजी की कविता की ओजस्वी धार को पहचाना। 1920-21 में सुभद्राजी ने 'राखी की लाज' और 'जलियाँवाला बाग में बसंत' शीर्षक से दो ओजस्वी कविताएँ लिखीं, जिन्हें क्रांतिकारी आंदोलन में हाथोहाथ ले लिया गया।

गणेश शंकर विद्यार्थी 'प्रताप' के संपादक थे, तो जबलपुर में माखनलाल चतुर्वेदी 'कर्मवीर' का संपादन कर रहे थे। सुभद्राजी की इन कविताओं से प्रभावित होकर गणेश शंकर विद्यार्थी ने एक पत्र लिखकर उन्हें ऐसे ही ओजपूर्ण लेखन के लिए प्रेरित किया और चतुर्वेदीजी को संकेत किया कि उस कवयित्री की रचनाएँ 'कर्मवीर' में नियमित रूप से प्रकाशित हों तो पत्र का लक्ष्य सन्निकट होने की संभावना प्रबल होती है।

चतुर्वेदीजी स्वयं एक उच्चकोटि के कवि थे और काव्य-प्रतिभा की गहरी समझ रखते थे। उनकी रचनाओं में भी ओज की झलक होती थी। 'पुष्प की अभिलाषा' उनकी श्रेष्ठ काव्य-रचनाओं में से एक है, जिसका भाव स्वतंत्रता के दीवानों के प्रति श्रद्धा एवं सम्मान उत्पन्न करता है। प्रस्तुत हैं, उस काव्य-रचना के अंश—

'चाह नहीं सुरबाला के गहनों में गूँथा जाऊँ,
चाह नहीं प्रेमीमाला में बिंध प्यारी को ललचाऊँ।
चाह नहीं सम्राटों के शव पर हे हरि डाला जाऊँ,
चाह नहीं देवों के सिर पर चढ़ूं भाग्य पर इठलाऊँ।
मुझे तोड़ लेना वनमाली,
उस पथ पर देना तुम फेंक।
मातृभूमि पर शीश चढ़ाने,
जिस पथ जावें वीर अनेक।'

चतुर्वेदीजी के काव्य में बड़ी सहजता से स्वतंत्रता के महत्त्व पर प्रकाश डाला गया है। वे स्वतंत्रता के अनन्य उपासक थे। राष्ट्रीय आंदोलन में उनकी

भूमिका भी अत्यंत सराहनीय रही और उन्हें कई बार जेल भी जाना पड़ा। जब उन्होंने सुभद्राजी से भेंट की तो कवित्व ने कवित्व को पहचाना। सुभद्राजी ने चतुर्वेदीजी की अनेक कविताएँ पढ़ी थीं और वे जानती थीं कि हिंदी साहित्य के श्रेष्ठ रचनाकारों में उनकी गणना की जाती है।

"मेरे अहोभाग्य, जो आप जैसे कवि के दर्शन हुए।" सुभद्राजी ने प्रसन्नता व्यक्त करते हुए कहा, "मुझे विश्वास ही नहीं हो रहा कि इतने बड़े साहित्यकार मेरे घर पधारे हैं।"

"बहन! मुझे कहीं से संकेत हुआ है कि स्वतंत्रता आंदोलन में तुम्हारी लेखनी से ओज और प्राण फूँके जाएँ। तुम तो भली-भाँति देख ही रही हो कि देश को एकजुट करने के प्रयास निरंतर किए जा रहे हैं। फिर भी हमारी युवाशक्ति में कुछ आलस्य भरा है और आलस्य तो काव्यक्रांति से ही दूर किया जा सकता है। तुम्हारी कविताओं में जो ललकार है, वह स्पष्ट करती है कि ईश्वर ने तुम्हें इसी निमित्त संसार में भेजा है। मैं चाहता हूँ कि तुम अपनी रचनाओं से सोए हुए देश को झकझोर-कर जगाओ।"

"यदि आपका मार्गदर्शन मिला तो मैं यह कार्य अवश्य ही करूँगी।"

"क्यों नहीं, अवश्य मिलेगा। हमारा पत्र तुम्हारी रचनाओं को नियमित रूप से प्रकाशित करेगा। यद्यपि कहा नहीं जा सकता कि कब तक सरकार की कुदृष्टि से पत्र बचा रह सकेगा, लेकिन जब तक रहेगा, तब तक स्वतंत्रता का अलख जगाते रहेंगे।"

"मैं सहर्ष प्रस्तुत हूँ। जैसी कविताएँ मैं लिखती हूँ, यदि वे आपकी अपेक्षा पर खरी उतरती हैं तो मुझे अतीव प्रसन्नता होगी।"

"तुम बस स्वतंत्रता की देवी की उपासना करके लिखती रहो। वह स्वयं विचार बनकर तुम्हारे मस्तिष्क में आ विराजेगी। तुम तो केवल माध्यम भर बन जाओ।"

"मुझ पर आपका यह विश्वास मुझे अभिभूत कर रहा है। पता नहीं मैं आपकी अपेक्षाओं पर खरी भी उतर पाऊँगी कि नहीं।"

"अरे, चिंता क्यों करती हो। ऐसा कुछ नहीं है। आज से तुम मेरी धर्म-

बहन हो और मैं इतना अवश्य जानता हूँ कि मेरा अनुभव अधिकांशतः उचित ही होता है। यद्यपि पत्र के पास पारिश्रमिक के रूप में कुछ नहीं है, लेकिन उस पत्र-परिवार का एक हिस्सा तुम भी बन जाओ और देश के लिए हमारे साथ खड़ी हो जाओ।''

''बस, मेरे लिए यही बहुत है।''

''और तुम्हारे पास गणेश शंकरजी का पत्र भी आया होगा। हमें पत्र के साहित्य-संपादक के पद पर ठाकुर साहब की आवश्यकता है।''

''हाँ, याद आया। इस विषय पर मेरी उनसे बात भी हुई है। आप उन्हें अपनी सेवा में ले जाइए। वे तो इसके लिए सहर्ष तैयार हैं।''

इसके बाद सुभद्राजी के पति लक्ष्मण सिंह चौहान 'कर्मवीर' पत्र के साहित्य-संपादक बनकर जबलपुर चले गए और उनके साथ सुभद्राजी भी चली गईं। सुभद्राजी अपनी कविता लिखकर चतुर्वेदीजी को दे देतीं, जिसे पढ़कर वे वाह-वाह कर उठते। किसी भाव को और सशक्त करने के लिए वे सुभद्राजी से अनुमति लेकर शब्द-परिवर्तन भी कर देते थे। चूँकि उन्हें हिंदी के अतिरिक्त संस्कृत, बँगला, गुजराती, अरबी, फारसी और उर्दू आदि भाषाओं का भी अच्छा ज्ञान था, तो इसका सीधा लाभ सुभद्राजी को भी मिलने लगा।

सुभद्राजी को चतुर्वेदीजी से प्रेरणा मिली कि वे कविता-लेखन के साथ-साथ सामाजिक क्रियाकलापों में भी सक्रिय हो गई थीं। उन्होंने सैकड़ों लोगों को संगठित करके उन्हें राष्ट्रीय आंदोलन से जोड़ने का महत्त्वपूर्ण कार्य किया। इसपर चतुर्वेदीजी ने स्पष्ट किया—

''यह जनजागरण निस्संदेह श्रम और समय ले रहा है, लेकिन एक दिन इससे तुम्हें जो उपलब्ध होगा, वह अद्वितीय होगा।''

सुभद्राजी ने तत्काल उस कथन का अर्थ न समझा और अपने कार्य में लगी रहीं। वे गाँव-गाँव लोगों को जाग्रत् करने का कार्य करती रहीं। झंडा-सत्याग्रह के समय उन्होंने पाँच हजार लोगों को स्वयंसेवक बनाकर अपनी क्षमता का लोहा मानव दिया था। वे इतनी लोकप्रिय हो गई थीं कि उनकी

एक आवाज पर सैकड़ों लोग उठ खड़े होते थे। चतुर्वेदीजी ने जो कहा था, वह तब सामने आया, जब 1936 के प्रांतीय चुनाव में वे जबलपुर से निर्विरोध निर्वाचित हुईं। उनका अथक परिश्रम सफल हुआ।

सुभद्राजी ने प्रखर और ओजस्वी कवयित्री होते हुए भी कवित्व को व्यवसाय नहीं समझा और अपनी कविताओं को देशप्रेम में समर्पित करती रहीं। इसी कारण उन पर घोर आर्थिक संकट भी मँडराता रहा। अपने देशप्रेम में उन्होंने व्यक्तिगत कठिनाइयों को भुलाए रखा।

□

सुभद्रा कुमारी की काव्यधारा

"सुभद्रा कुमारी चौहान की कविता की जितनी दिशाएँ और पक्ष हैं, उन सबका केंद्रीय स्वर भारतीय जन-मन की राष्ट्रीयता है। अतः इस जन-मन की भावनाओं की अभिव्यक्ति कहीं समर्पण, ललकार, विद्रोह और बलिदान के रूप में तो कहीं असहयोग, दीन जन की सेवा, करुणा और त्याग के रूप में तथा कहीं परिजनों के प्रति असीम लगाव और सतत प्रेरणा के रूप में देखने को मिलती है।"

—वीरेंद्र मोहन

सुभद्रा कुमारी हिंदी काव्य की वे कवयित्री रहीं, जिन्होंने अपनी काव्य-साधना को आजीविका का साधन कम और देशसेवा का माध्यम अधिक माना। उनकी कलम जब भी चली तो उससे ऐसी ओजपूर्ण रचनाएँ निकलीं, जिनसे सोया हुआ जनमानस जाग्रत् हो उठा। काव्य-संग्रह 'मुकुल' उनकी प्रथम एवं प्रमुख रचनाओं में से एक है। उनके कहानी-संग्रह 'बिखरे मोती', 'सीधे-सादे चित्र' और 'उन्मादिनी' हैं। 'मुकुल' काव्य-संग्रह में उनकी कविता 'वीरों का कैसा हो वसंत' किस प्रकार सोए हुए जनमानस को झकझोर देती है, उसके अंश इस प्रकार हैं—

वीरों का कैसा हो वसंत?
आ रही हिमालय से पुकार,
है उदधि गरजता बार-बार,
प्राची, पश्चिम, भू, नभ अपार,
सब पूछ रहे हैं दिग्-दिगंत,
वीरों का कैसा हो वसंत?

फूली सरसों ने दिया रंग,
मधु लेकर आ पहुँचा अनंग,
वधु-वसुधा पुलकित अंग-अंग,
हैं वीर-वेश में किंतु कंत,
वीरों का कैसा हो वसंत?

भर रही कोकिला इधर तान,
मारू बाजे पर इधर गान,
है रंग और रण का विधान,
मिलने आए हैं आदि अंत,
वीरों का कैसा हो वसंत?

हल्दीघाटी के शिलाखंड,
ऐ दुर्ग! सिंहगढ़ के प्रचंड,
राणा-नाना का कर घमंड,
दो जगा आज स्मृतियाँ ज्वलंत,
वीरों का कैसा हो वसंत?

कवयित्री सुभद्राजी ने अपने ओज से इस कविता की एक-एक पंक्ति को पौरुष का प्रतीक बना दिया और इसमें वीरता को जाग्रत् करनेवाला भाव पैदा कर दिया।

वसंत के प्रति अपने उद्गारों को प्रकट करते हुए सुभद्राजी ने बड़ी ही अप्रतिम रचना की है—

लाना संग में पुष्प, न हों वे अधिक सजीले,
हो सुगंध भी मंद, ओस से कुछ गीले-गीले।
किंतु तुम उपहार भाव आकर दरसाना,
स्मृति में पूजा हेतु यहाँ थोड़े बिखराना।
कोमल बालक मरे यहाँ गोली खाकर,
कलियाँ उनके लिए गिराना थोड़ी लाकर।
आशाओं से भरे हृदय भी छिन्न हुए हैं,
अपने प्रिय परिवार देश से भिन्न हुए हैं।
कुछ कलियाँ अधखिली यहाँ इसलिए चढ़ाना,
करके उनकी याद अश्रु की ओस बहाना।
तड़प-तड़पकर वृद्ध मरे हैं गोली खाकर,
शुष्क पुष्प कुछ वहाँ गिरा देना तुम जाकर।

सुभद्राजी ने केवल वीररस से ओत-प्रोत कविताओं की ही रचना नहीं की, बल्कि उन्होंने वात्सल्य से पूर्ण कविताएँ भी रचीं। उनकी वात्सल्य रस से पूर्ण कविताएँ उनके मातृभाव से प्रेरित हैं, जिनमें उनके मातृगर्व की झलक साफ दिखाई देती है। प्रस्तुत है उनकी एक कविता—

मैं बचपन को बुला रही थी,
बोल उठी बिटिया मेरी।
नंदन वन सी फूल उठी,
यह छोटी सी कुटिया मेरी।
'माँ ओ' कहकर बुला रही थी,
मिट्टी खाकर आई थी।
कुछ मुँह में कुछ लिये हाथ में,
मुझे खिलाने लाई थी।
पुलक रहे थे अंग दृगों में,
कौतूहल था छलक रहा।
मुँह पर थी आह्लाद लालिमा,
विजयगर्व था झलक रहा।

मातृत्वभाव को प्रदर्शित करते सुभद्राजी अपनी अत्यंत सुंदर कविताओं में से एक 'बालिका का परिचय' नामक कविता में कहती हैं—

यह मेरी गोद की शोभा,
सुख-सुहाग की है लाली।
शाही शान भिखारिन की है,
मनोकामना मतवाली है।
सुधा धार यह नीरस दिल की,
मस्ती मगन तपस्वी की।
जीवित ज्योति नष्ट नयनों की,
सच्ची लगन मनस्वी की।

सुभद्राजी ने अपनी सच्ची देशभक्ति का परिचय 'मातृमंदिर' कविता में कुछ इस प्रकार दिया है—

कलेजा माँ का, मैं संतान,
करेगी दोषों पर अभिमान।
मातृवेदी पर घंटा बजा,
चढ़ा दो मुझको, हे भगवान
सुनूँगी माता की आवाज,
रहूँगी मरने को तैयार।
कभी भी उस वेदी पर देव,
न होने दूँगी अत्याचार।
चलो मैं हो जाऊँ बलिदान,
मातृमंदिर में हुई पुकार।
चढ़ा दो मुझको, हे भगवान।

सुभद्राजी राष्ट्रीय विचारों की गायिका होने के साथ-साथ एक सक्रिय सामाजिक कार्यकर्ता भी थीं। उनकी काव्य-रचनाओं में देशभक्ति का ओज तो है ही, साथ ही आध्यात्मिकता का पुट भी देखने को मिलता है। उनके काव्य में जिन अनुभूतियों का वर्णन देखने को मिलता है, वह कोई कल्पना

नहीं, बल्कि वास्तविक ही है अर्थात् उनकी स्वयं के द्वारा अनुभव की गई हैं। 'जलियाँवाला बाग में वसंत' उनकी प्रसिद्ध काव्य-रचना है, जिसमें उन्होंने देशभक्ति एवं बलिदान भाव के साथ-साथ उत्साह और उमंग जैसे गुणों को अभिव्यक्ति दी है। उनकी रचनाओं में स्वतंत्रता की गहरी आकांक्षा की जो झलक देखने को मिलती है, वह हृदय की गहराई को छू लेनेवाली है—

तेरी आहों के बदले में,
उसने पत्थर-दल बरसाया।
तेरा पुकारना नहीं रुका,
तू डरा न उसकी मारों से।
आखिर को पत्थर पिघल गए,
आहों से और पुकारों से।

सुभद्राजी की रचनाओं में देशप्रेम और राष्ट्रीय चेतना का संयुक्त रूप देखने को मिलता है। जहाँ एक ओर वे मनुष्य के अंदर छिपे अनेक रहस्यों को उजागर करती प्रतीत होती हैं, वहीं दूसरी ओर उनकी रचनाओं में मानव जीवन के सरल एवं सहज चित्रों का वर्णन देखने को मिलता है। एक कवि-कवयित्री का प्रकृति-प्रेमी होना स्वाभाविक ही है। उनकी एक कविता में प्रकृति के प्रति प्रेमानुराग की झलक कुछ इस प्रकार देखी जा सकती है—

हे नीम! यद्यपि तू कड़ू नहीं रंचमात्र मिठास है,
उपकार करना दूसरों का गुण तिहारे पास है।
नहिं रंचमात्र सुवास है, नहिं फूलती सुंदर कली,
कड़ुवे फलों अरु फूल में, तू सर्वदा फली-फूली।
तू सर्वगुण संपन्न है, तू जीव हितकारी बड़ी,
तू दुखहारी है प्रिये, तू लाभकारी है बड़ी।

सुभद्राजी भक्तवत्सल कवयित्री भी हैं, जिनकी काव्य-रचना में उनके उद्‌गार कुछ यों उद्‌घाटित होते हैं—

मैं ही हूँ गरीबनी ऐसी,
जो कुछ साथ नहीं लाई।

फिर भी साहस कर मंदिर में,
पूजा करने को आई।
धूप-दीप-नैवेद्य नहीं हैं,
झाँकी का शृंगार नहीं।
हाय! गले में पहनाने को,
फूलों का भी हार नहीं।
कैसे करूँ कीर्तन,
मेरे स्वर में है माधुर्य नहीं।
मनभाव प्रकट करने को,
वाणी में चातुर्य नहीं।

जटिल भाव को भी सरल एवं सहज अंदाज में व्यक्त करना सुभद्राजी की एक बड़ी विशेषता है। उनकी रचनाएँ वास्तविकता के अधिक निकट हैं और उनमें बनावटीपन के लिए कोई स्थान नहीं है। सरसता के साथ रोचकता का मिश्रण अत्यंत प्रशंसनीय है—

दीपशिखा है अंधकार की,
घनी घटा की उजियाली।
उषा है यह कमल-भृंग की,
पतझड़ की हरियाली।
सुधाधार यह नीरस दिल की,
मस्ती मगन तपस्वी की।
जीवन ज्योति नष्ट नयनों की,
सच्ची लगन मनस्वी की।
बीते हुए बालपन की यह,
क्रीड़ापूर्ण वाटिका है।
वही मचलना, वही किलकना,
हँसती हुई नाटिका है॥

'झाँसी की रानी' काव्य-रचना सुभद्राजी की सबसे लोकप्रिय रचना है।

इस कविता में उन्होंने जिस प्रकार के शब्दों एवं शैली का प्रयोग किया है, उसकी जितनी प्रशंसा की जाए, कम ही है—

चमक उठी सन् सत्तावन में,
वह तलवार पुरानी थी।
बुंदेले हरबोलों के मुँह,
हमने सुनी कहानी थी।
खूब लड़ी मरदानी वह तो,
झाँसी वाली रानी थी।
कानुपर के नाना की,
मुँहबोली बहन छबीली थी।
लक्ष्मीबाई नाम पिता की,
वह संतान अकेली थी।
नाना के संग पढ़ती थी वह,
नाना के संग खेली थी।
बरछी, ढाल, कृपाण, कटारी,
उसकी यही सहेली थी।

सुभद्राजी ने अपने ओजस्वी लेखन में इतिहास से उन शूरवीरों का स्मरण कराते हुए आह्वान किया है, जो अपनी आन-बान-शान के लिए मर मिटे। वे शिवाजी और महाराणा प्रताप को स्वतंत्रता के परिप्रेक्ष्य में अधिक प्रेरणापूर्ण चरित्र मानती हैं। नारी-उत्थान और जागृति का उनका लक्ष्य सदैव से ही रहा। चूँकि वे कवयित्री हैं तो मानवीय आवेगों से भली-भाँति परिचित थीं। वे जानती थीं कि नारी-शक्ति का आह्वान नारी विषयक शौर्यपूर्ण चरित्रों की वीरता का गुणगान करने से ही संभव है।

वे चाँदबीबी, सारंधा और महारानी लक्ष्मीबाई को अपनी कविता का विषय बनाती हैं। रानी लक्ष्मीबाई की अपार वीरता उन्हें भारतीय नारी के लिए प्रेरणापरक लगी, इसीलिए तो वे 'झाँसी की रानी' शीर्षक से बुंदेलखंड लोकशैली में बड़ी ओजपूर्ण रचना लिख देती हैं। इस रचना ने राष्ट्रीय आंदोलन में आह्वान का सशक्त

माध्यम बनकर कार्य किया। यह वह रचना रही, जिसने जन-जन को राष्ट्रीयता से जोड़ दिया। इसे चारों ओर सराहा गया। कांग्रेस अधिवेशनों में तो यह कविता उनका मुख्यपत्र ही बन गई। इसकी व्यापक प्रसिद्धि ने ब्रिटिश सरकार को बौखला दिया था। अत: सरकार ने कविता की पुस्तक को जब्त कर लिया, लेकिन तब तक तो यह जनमानस का वीर गीत बन चुकी थी।

सुभद्राजी का कवित्व निर्बाध गति से बढ़ता रहा। इसमें कोई संदेह नहीं कि यदि वे तत्कालीन समय में अपनी कविताओं को मुँहमाँगे पारिश्रमिक पर बेचतीं तो संभवत: उन्हें कभी आर्थिक संकट का मुँह नहीं देखना पड़ता। चूँकि उन्हें तो इन कविताओं को देशप्रेम पर अर्पण करना था, तो वे ऐसा ही करती रहीं। सन् 1939 में उन्हें गर्भाशय में ट्यूमर हो गया था और इलाज कराने के लिए उनके पास पर्याप्त धन नहीं था। विडंबना यह थी कि दोनों पति-पत्नी देशप्रेम में ऐसे डूबे थे कि कोई अन्य चिंता सताती ही नहीं थी। अगले दस वर्ष तक सुभद्राजी उस ट्यूमर को लिये अपनी काव्य-साधना में लगी रहीं, लेकिन उन्होंने किसी से याचना नहीं की। 1940 से तो उनकी राजनीतिक व्यस्तता भी अधिक बढ़ गई थी। स्वास्थ्य खराब था, लेकिन कर्तव्य-पथ पर चलते हुए उन्होंने अपने स्वास्थ्य की कोई सुध नहीं ली। वे एक वर्ष जेल में भी रहीं, लेकिन विचलित नहीं हुईं। पारिवारिक कठिनाइयाँ भी रहीं, लेकिन उन्होंने हार नहीं मानी।

जब अपने दूसरे काव्य-संग्रह 'त्रिधारा' में सुभद्राजी ने 'झाँसी की रानी की समाधि पर' शीर्षक से एक और कालजयी कविता की रचना की तो उन्होंने उसमें वीरता की प्रतिमूर्ति लक्ष्मीबाई को पुष्पांजलि देने का ओजपूर्ण चित्रण कर दिया—

इस समाधि में छिपी हुई है,
एक राख की ढेरी।
जलकर जिसने स्वतंत्रता की,
दिव्य आरती फेरी।
यह समाधि, यह लघु समाधि है,

झाँसी की रानी की।
अंतिम लीलास्थली यही है,
लक्ष्मीबाई मरदानी की।
यहीं कहीं पर बिखर गई वह,
भग्न विजयमाला सी।
उसके फूल यहाँ संचित हैं,
है यह स्मृतिशाला सी।
सहे वार-पर-वार अंत तक,
लड़ी वीर बाला सी।
आहुति सी गिर पड़ी चिता पर,
चमक उठी ज्वाला सी।
बढ़ जाता है मान वीर का,
रण में बलि होने से।
मूल्यवती होती सोने की,
भस्म यथा सोने से।
रानी से भी अधिक हमें अब,
यह समाधि है प्यारी।
यहाँ निहित है स्वतंत्रता की,
आशा की चिनगारी।
इससे भी सुंदर समाधियाँ,
हम जग में हैं पाते।
उनकी गाथा पर निशीथ में,
क्षुद्र जंतु ही गाते।
पर कवियों की अमर गिरा में,
इसकी अमिट कहानी।
स्नेह और श्रद्धा से गाती,
है वीरों की बानी।

इस कविता में कवयित्री ने झाँसी की रानी को श्रद्धासुमन अर्पित करने का पुण्य अवसर दिया। भारतीय जनमानस, विशेषकर हिंदी भाषी उत्तर भारत में इस शैली में शौर्य का वर्णन बहुत काल से पसंद किया जाता था। यह उच्च स्वर में ओज के साथ गाई जानेवालीशैली थी। सुभद्राजी ने जब इस शैली को अपनाया तो बहुत लोकप्रिय हुई। सरल भाषा में ओज के साथ छंद का उतार-चढ़ाव अपने आपमें एक अद्‌भुत प्रयोग था। पूर्व में देहातों में इसी तर्ज पर 'आल्हा-ऊदल' की वीरगाथा गाई जाती थी।

सुभद्राजी के कहानी-संग्रहों में भी कहानी का विषय स्वतंत्रता ही रहा। लेखिका के रूप में गद्य के विकास में उन्होंने कोई अधिक आलंकारिक प्रयोग नहीं किए और सरल एवं सहज शब्दों में अपनी बात कहने का प्रयास किया। सामाजिक चेतना के परिप्रेक्ष्य में उनकी कहानियाँ उच्चकोटि की हैं। कहीं वर्ण-व्यवस्था पर करारा प्रहार है तो कहीं असमानता के दानव को मार गिराने का प्रयास, कहीं रहस्यवादी प्रयोग से स्वतंत्रता की देवी की पीड़ा को अंकित कर दिया गया है। कहा जा सकता है कि सुभद्राजी ने अपने विचारों को जनमानस से जोड़ने में सफलता प्राप्त की। 'उन्मादिनी' कहानी-संग्रह में स्वतंत्रता को ही उन्मादिनी के रूप में प्रस्तुत करने का सफल प्रयास किया है। यहाँ यह भी कहना उचित होगा कि गद्य-लेखन में सुभद्राजी ने सामाजिक सरोकारों के विषयों पर अच्छा विचारमत प्रस्तुत किया है। जबकि काव्य में उनका मूल विषय ब्रिटिश सरकार के प्रति विद्रोह का आह्वान रहा है।

सुभद्राजी ने ओजस्वी काव्य की रचना की, जिसने युवाशक्ति को प्रेरित किया। क्रांतिकारी तो उन्हें काव्य-सेनानी के रूप में जानते थे। व्यक्तिगत आंदोलन में वे गांधीजी के आदर्शों का अनुसरण करती रहीं तथा सत्य एवं न्याय पर आधारित आंदोलन का समर्थन करती रहीं।

□

अंतिम यात्रा

"सुभद्राजी का केंद्रस्थ भाव 'प्रेम' है। उन्होंने वात्सल्य रस की बेजोड़ कविताएँ लिखी हैं। 'मेरा नया बचपन' उनकी प्रसिद्ध कविता है। उन्होंने बालिका के बहाने आनेवाले युग में लड़कियों के सामाजिक महत्त्व को रेखांकित किया है, जहाँ वे पुरुषों के साथ कंधे-से-कंधा मिलाकर परिवार, समाज और राष्ट्र की समृद्धि में योगदान देंगी।" सुभद्राजी वातानुकूलित कमरे की सुविधाभोगी कवयित्री नहीं थीं, बल्कि प्रखर सतत संघर्षशील प्रतिबद्ध लेखिका थीं। उनकी प्रतिबद्धता राष्ट्र से थी, सामान्य जनजीवन से थी और जीवन-मूल्यों से थी।"

—डॉक्टर किशोरीलाल

13 फरवरी, 1948 का दिन था। सुभद्राजी का स्वास्थ्य पहले से ही अस्वस्थ था और ऊपर से उन्हें मानसिक अशांति ने भी घेरा हुआ था। असमय गांधीजी के अवसान का उन्हें बहुत दुःख था। स्वतंत्रता के इस रूप की उन्होंने कल्पना भी नहीं की थी, जीवन में उन्हें अब एक रिक्तता सी प्रतीत होती थी। सुभद्राजी का शरीर क्षीण होता जा रहा था और मस्तिष्क विभिन्न विचारों में खोया हुआ था। पति लक्ष्मण सिंह उनके स्वास्थ्य को लेकर चिंतित थे।

"सुभद्रा! डॉक्टर ने तुम्हें आराम करने की सलाह दी है और तुम हो कि

किस गहन विचार में डूबी रहती हो। अपने मस्तिष्क को पर्याप्त आराम नहीं दोगी तो स्वास्थ्य में सुधार कैसे होगा?'' लक्ष्मण सिंह ने चिंतित स्वर में कहा।

''मुझे कुछ नहीं हुआ है।'' सुभद्रा क्षीण स्वर में बोलीं, ''बस, जरा कमजोरी है। मैं शीघ्र ही स्वस्थ हो जाऊँगी। आप इतने चिंतित क्यों होते हैं?''

''चिंतित क्यों न होऊँ, सुभद्रा! ऐसा होना तो स्वाभाविक है। मुझे अब भय लगता है कि कहीं···।''

''आप भी न! ऐसी बातें क्यों करते हो? यह ठीक है कि मैं अस्वस्थ हूँ, लेकिन इसका अर्थ यह तो नहीं कि अब मैं ठीक नहीं होनेवाली। इलाज तो चल ही रहा है। सब ठीक हो जाएगा।''

''वसंत पंचमी को सुधा के बेटे का अन्नप्राशन है। अब तुम्हें इस हाल में छोड़कर मैं कैसे जाऊँ?''

''मुझे क्या हुआ है, मैं ठीक तो हूँ। मेरा मन भी सुधा से मिलने को कर रहा है। मैं भी आपके साथ चलूँगी।''

''क्या कह रही हो! तुम इस हाल में जाओगी?''

''चल पड़ूँगी। नागपुर भी जाना है।''

''वहाँ क्यों?''

''तायाजी बहुत बीमार हैं। दो-तीन पत्र भी आ चुके हैं।''

''तुम भी तो बीमार हो। तुमने किसी को पत्र नहीं लिखा।''

''मैं ऐसी बीमार नहीं हूँ। थोड़ी मानसिक अशांति थी, लेकिन अब ठीक हूँ। आप मुझे भी अपने साथ ले चलें।'' सुभद्रा ने विनय की।

लक्ष्मण सिंह सुभद्राजी की जिद के आगे असहाय हो गए। लक्ष्मण सिंह ने भी सोचा कि हो सकता है कि जलवायु परिवर्तन से सुभद्राजी के स्वास्थ्य में सुधार आ जाए। वे यह भी समझ रहे थे कि जैसे मानसिक अवसाद से सुभद्राजी घिरी हैं, ऐसे में उनके लिए स्थान-परिवर्तन एक अच्छा विकल्प हो सकता था। इस संबंध में लक्ष्मण सिंह ने डॉक्टर से राय ली तो उसने अनुमति दे दी।

यात्रा को सुखद बनाने के लिए लक्ष्मण सिंह ने एक मोटर-कार की व्यवस्था कर ली। उनका कार्यक्रम 14 फरवरी को निकलना तय हुआ, लेकिन 13 फरवरी को ही व्यवधान आ गया। खंडवा में जमीन से संबंधित एक मुकदमे में लक्ष्मण सिंह की हाजिरी आवश्यक थी।

''यह तो बड़ी गड़बड़ हुई सुभद्रा! हमें कल जाना था और कल ही अदालत में हमारी जमीन के विवाद की सुनवाई है। अब ऐसे में क्या करें?''

''एक काम कीजिए। आप यहाँ का काम सँभालिए और मैं नागपुर चली जाती हूँ।''

''तुम··· अकेली! नहीं-नहीं।''

''घबराने की कोई बात नहीं है। मैं चली जाऊँगी।''

''अकेली कैसे चली जाओगी?''

''क्यों? अकेली कैसे ? ड्राइवर भी तो मेरे साथ होगा न! मोटर में बैठना भर ही तो है।''

''तुम्हारे स्वास्थ्य को देखते हुए मेरा मन नहीं मान रहा।''

''आप व्यर्थ ही चिंतित हो रहे हैं। मुझे ऐसा कुछ नहीं हुआ है। आप निश्चिंत रहें।''

''तुम तो जो ठान लेती हो, वही करती हो। मेरी विवशता है कि मैं तुम्हारे साथ नहीं जा सकता और तुम मानोगी नहीं।''

''मैं क्या पहली बार यात्रा पर जा रही हूँ। जीवन भर न जाने कितनी यात्राएँ की हैं।''

''ठीक है। तुम जाओ और अपना ध्यान रखना।''

सुभद्रा ने मुसकराकर अपने पति को आश्वासन दिया। वैसे भी आज वे अन्य दिनों की अपेक्षा कुछ स्वस्थ दिखाई दे रही थीं। फिर भी एक पति का चिंतित होना तो स्वाभाविक ही है। अत: लक्ष्मण सिंह को चिंता तो अवश्य हो रही थी, लेकिन साथ ही उन्हें यह विश्वास भी था कि दृढसंकल्प वाली सुभद्रा कमजोर तो बिल्कुल भी नहीं थीं। वे उनकी संकल्पशक्ति से भली-भाँति परिचित थे।

अन्य दिनों की अपेक्षा सुभद्रा आज जल्दी ही नींद से जाग गई थीं। उनका मन प्रफुल्लित था और नई उमंगों-तरंगों से उनके चेहरे पर मुसकान शोभायमान थी। आज उन्हें देखकर कोई भी कह सकता था कि स्वस्थ नहीं हैं। शायद मानसिक अवसाद पर उन्होंने नियंत्रण प्राप्त कर लिया था।

निर्धारित समय पर मोटरकार आ गई। ड्राइवर परिचित था और वह उनका शुभचिंतक भी था।

''भई! मेरा जाना तो संभव नहीं। तुम अपनी भाभी को ही ले जाओ।'' लक्ष्मण सिंह ने ड्राइवर को समझाया, ''ये थोड़ी अस्वस्थ हैं, ध्यान रखना।''

''आप निश्चिंत रहिए। मैं पहले भी कई बार इनके साथ गया हूँ। इनका ध्यान रखने की आवश्यकता नहीं होती। इनकी तो कविताएँ ही ऐसी हैं कि कब यात्रा पूरी हो जाती है, इसका पता ही नहीं चलता।'' ड्राइवर बोला।

''सुभद्रा! अपना ध्यान रखना।'' लक्ष्मण सिंह ने सुभद्रा को विदाई देते हुए कहा।

सुभद्राजी गाड़ी में बैठ गईं और बोलीं, ''मैं कल ही लौट आऊँगी। अधिक चिंतित होने की आवश्यकता नहीं है।''

ड्राइवर ने गाड़ी आगे बढ़ा दी। सुभद्राजी दूर गगन में उगते सूर्य की लालिमा को देख रही थीं। प्राकृतिक दृश्यों में उनका कवि-मन कुछ-न-कुछ सोच ही लेता था। वे कागज-पेन अपने साथ अवश्य ही रखती थीं। जब कहीं कोई विचार आया तो उसे वहीं शब्द दे दिए। ड्राइवर उनसे भली-भाँति परिचित था और जानता था कि सुभद्राजी जितनी देर स्वयं में व्यस्त हैं, तब तक उन्हें टोकना भी उचित नहीं था। फिर वे स्वयं ही बात शुरू करती थीं और इस तरह रास्ते में काव्यधारा का सरस प्रवाह होता था।

दोपहर होने को आई तो एक मंदिर देखकर पानी-पीने के लिए गाड़ी रोक दी। सुभद्राजी भी गाड़ी से उतरी और मंदिर के दर्शन करने के लिए चली गईं। वे बहुत देर पश्चात् लौटीं। ड्राइवर अपनी सीट पर था।

''अब आगे बढ़ा जाए?'' ड्राइवर ने पूछा।

''हाँ चलो। तुमने एक चीज देखी?'' सुभद्राजी गाड़ी में बैठते हुए बोलीं।

"क्या? सबकुछ तो पहले जैसा ही है।"

"नहीं, अब परिवर्तन हुआ है। पहले इस मंदिर के आस-पास पक्षियों का आक्रांत कोलाहल रहता था, लेकिन आज सब शांत है। वास्तविक शांति है।"

"इसका कारण क्या है?" उसने गाड़ी आगे बढ़ा दी।

"कारण स्वतंत्रता है। पहले अंग्रेजों का भय था तो पक्षी भय में आक्रांत रहते थे। अब स्वशासन की महक है तो पक्षी भयहीन होकर परवाज कर रहे हैं। कितना सुंदर दृश्य है!"

"यह सब तो कवियों को ही समझ में आता है। हमारे लिए तो सब दिन एक जैसे ही हैं। सब स्थान वही हैं।"

"अपने विचार बदलो और स्वतंत्र राष्ट्र के स्वतंत्र नागरिक की तरह सोचो। यह नवीनता प्रतिक्षण होती है। स्वातंत्र्य में इसका प्रभाव और भी अधिक होता है। यही प्रकृति है। यह बंधन नहीं मानती, लेकिन प्रभावित होती है। राष्ट्र की जैसी सोच होती है, वैसी प्रकृति भी बन जाती है।"

इस प्रकार सुभद्राजी की दार्शनिकता मुखर होती गई। कब नागपुर आ गया, पता ही नहीं चला। बीमार तायाजी उन्हें देखकर प्रसन्न हो गए। अपनत्व में यही होता है। संबंधों की शक्ति ऐसी ही होती है। सारा परिवार सुभद्रा से मिलकर प्रसन्न था। यहाँ के साहित्य-क्षेत्र में भी सुभद्रा को ख्याति मिली हुई थी। राष्ट्रीय आंदोलन में उनका कार्य उनकी ख्याति का कारण था। उनके आगमन की सूचना पाकर कुछ साहित्य-प्रेमियों ने एक सभा का आयोजन किया और सविनय अनुरोध करके सुभद्राजी को सभा में आने का आमंत्रण दिया।

सुभद्राजी सभा में गईं। वहाँ लोग उनकी रचनाएँ सुनने को उत्सुक थे। सबके अनुरोध पर सुभद्राजी ने कुछ रचनाएँ सुनाईं। यहाँ उन्होंने एकता और भाइचारे को रेखांकित करती कविताएँ सुनाईं और राष्ट्र के नवनिर्माण में सबसे सहयोग की अपील की। उन्होंने लोगों का आह्वान करते हुए कहा कि अब हमारा देश हमारे हाथों में है और जिस गुलामी से निकला है, उसने इसे अर्थ-विपन्न कर दिया है। हमें इसका निर्माण नए सिरे से करना है। इसे

गांधीजी के सपनों का भारत बनाना है। यह सत्य और न्याय की शक्ति से ही संभव है। अब हमें अभी आपसी द्वेष भूलकर इस नवनिर्माण में सहयोग देना है, तभी देश की प्रगति हो सकेगी।

सुभद्राजी की वाणी में ओज तो रहता ही था। उनके आह्वान से लोगों ने भारत को गांधीजी के सपनों का 'रामराज्य' बनाने की प्रेरणा ली।

नागपुर में एक दिन के प्रवास में ही उनके स्वास्थ्य में आश्चर्यजनक सुधार भी हुआ था और उनके मुख पर ऊर्जा का संचार हुआ लग रहा था। यह बात वे स्वयं भी जानती थीं कि अकर्मण्य होने पर अस्वस्थता अधिक घेरती है। अब वे स्वयं को स्वस्थ महसूस कर रही थीं। वह रात उन्होंने सभी परिजनों के साथ हँसी-खुशी में बिताई।

अगले दिन 15 फरवरी, 1948 को सुभद्राजी नागपुर से चल पड़ीं। वे अपने नाती के अन्नप्राशन समारोह में भी गईं। वे कुछ देर वहाँ ठहरीं, सभी लोगों से मिलीं और फिर वापस जबलपुर के लिए चल पड़ीं। रास्ते में वे कुछ गीत गुनगुनाते हुए आ रही थीं, जिससे साफ था कि उस यात्रा ने उन्हें मानसिक शांति प्रदान की है। गाड़ी अपनी गति से दौड़ी जा रही थी। शहर, खेत, गाँव आदि में स्वतंत्र भारत की अनुभूति करते हुए सुभद्राजी को अब लग रहा था कि जैसे उनके कानों में कोई धीमे से गुनगुना रहा है। यह उनकी कल्पना की बड़ी अद्‌भुत अनुभूति थी।

उनकी गाड़ी अब एक गाँव से होकर गुजर रही थी। हालाँकि ड्राइवर बहुत दक्ष और सतर्क था, लेकिन गति में सेकंड का भी महत्त्व है। गाड़ी के सामने पंख फड़फड़ाते हुए मुरगी के कई बच्चे आ गए थे। ड्राइवर ने उन्हें बचाने के लिए गाड़ी को ब्रेक लगाए तो ऐसी स्थिति में गाड़ी उलटती-पलटती चली गई। इस भयानक दुर्घटना में सुभद्राजी और ड्राइवर दोनों ही गंभीर रूप से घायल हो गए।

सुभद्राजी को जबलपुर लाया गया। उपचार आरंभ हो गया। पता चला कि सुभद्राजी के दिमाग की नस फट गई थी और वे लगभग कोमा में चली गई थीं। जिसने भी सुना, वही उनके स्वस्थ होने की कामना करने लगा।

लगभग डेढ़ महीने तक डॉक्टरों ने भरपूर प्रयास किए, लेकिन अब विदाई की वेला आ गई थी। आत्मा को परमात्मा में विलीन हो जाना था। अंततः अप्रैल 1948 में मूर्धन्य कवयित्री सुभद्रा कुमारी चौहान ने इस असार संसार को त्याग दिया। ओज और शौर्य से सराबोर काव्य की धनी कलम मौन हो गई। ब्रिटिश सरकार को अपनी लेखनी से भयभीत करनेवाली शब्दों की वीरांगना पूर्ण स्वतंत्र हो गई। उनकी मृत्यु पर प्रसिद्ध साहित्यकार माखनलाल चतुर्वेदी ने लिखा—

"सुभद्राजी का आज चल बसना प्रकृति के पृष्ठ पर ऐसा लगता है, मानो नर्मदा की धारा को कोई महाकौशल के अंचलों में से चुरा ले गया हो और इस निर्मलधारा के बिना पुण्यतीर्थों के सारे घाट मानो अपने अर्थ और उपयोग खो बैठे हों। सुभद्राजी का जाना ऐसा मालूम होता है, मानो 'झाँसीवाली रानी' की गायिका झाँसी की रानी से कहने गई हो कि लो, फिरंगियों को खदेड़ दिया गया और मातृभूमि स्वतंत्र हो गई। सुभद्राजी का जाना ऐसा लगता है, मानो अपने मातृत्व के दुग्ध, स्वर और आँसुओं से उन्होंने अपने नन्हे युग को कठोर दायित्व सौंपा हो। प्रभु करे कि सुभद्राजी को अपनी प्रेरणा से हमारे बीच अमर करके रखने का बल इस पीढ़ी में हो।"

सुभद्रा कुमारी चौहान के अंतिम दर्शनों के लिए विशाल संख्या में लोग आए और उन्हें भावभीनी श्रद्धांजलि दी। रानी लक्ष्मीबाई को आदर्श माननेवाली उस राष्ट्रीय कवयित्री को अंततः पवित्र अग्नि के महातेज ने स्वयं में समेट लिया।

उपस्थित जनसमूह एकल-स्वर में उस वीर कवयित्री को श्रद्धांजलि देते हुए उसकी कालजयी कविता का पाठ कर रहा था—

बुंदेले हरबोलों के मुँह हमने सुनी कहानी थी,
खूब लड़ी मरदानी वह तो झाँसीवाली रानी थी।

□□□